レベルアップ 授業力

アクティブに学ぶ子どもを育む理科授業

森本信也　　黒田篤志　和田一郎
小野瀬倫也　佐藤寛之　渡辺理文　著

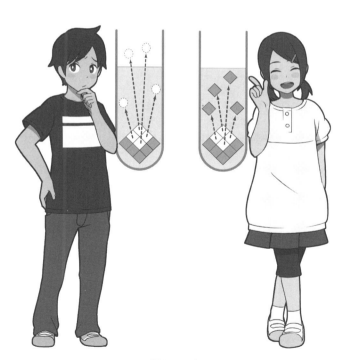

学校図書

表紙イラスト：タカノヒロヒコ

1

はじめに

　「判断の根拠や理由を明確に示しながら自分の考えを述べる」（教育課程企画特別部会（2016年）『次期学習指導要領に向けたこれまでの審議のまとめ（案）』,p.6）。これは現代の学校におけるすべての教科に関わる教育において解決すべき課題である。理科教育にそくして考えるならば，平成27年度に文部科学省により実施された「全国学力・学習状況調査」結果にその課題を見いだすことができる。観察，実験結果を適切に整理・分析し，これに基づいて考察することに，多くの子どもにおいて課題があったのである。観察，実験を活動の中心に置く理科教育において，その核となるべき学習が十分に定着していないのである。

　理科授業のはじめに予想や仮説を立て，明確な目的意識に基づいて観察，実験を行い，その結果得られたデータを基に考察をし，新たな考え方を構築するという学習が，子どもに十分意識化，自覚化されていないのである。観察，実験を武器にして自然事象に潜むルールを論証するという，理科授業が有する学習のおもしろさが，学校において子どもには伝えられていないのである。子どもの知的な好奇心を誘発し，彼ら自らが学習を先導する理科授業こそ構想されなければならない。現代の学校において，理科教育が果たすべき課題の中核である。

　こうした課題意識に基づいて本書は編集された。それゆえ，本書におけるもっとも重要語句は「アクティブ（active）」である。子どもがアクティブに理科学習に取り組めるよう，その指導上の諸方策について本書では議論される。ところで，そもそも子どもにおけるアクティブな学習とは何か。認知科学者の見解は明解である。認知科学者は「アクティブな学習（active learning）」を次のように定義する。その訳は「能動学習」であり，その意味は「自ら学習のためのデータを獲得し，外的・内的環境と積極的に相互作用することで学習を促進させるシステム」と捉えられている（日本認知科学会編（2002）『認知科学辞典』共立出版,p.652）。本書におけるアクティブということばの使用もおおむねこの考え方に則っている。

これは，断るまでもなく現代の主要な学習論である「構成主義」の考え方を起源としている。理科教育にそくしていえば，科学用語や公式の機械的な記憶を求める学習ではなく，子どもにこれらの意味を彼らなりに咀嚼させることを課題としている。すなわち，「自然や社会的事象について子どもはそれぞれの経験に応じて，彼ら固有の意味構成を図っている」だから「一方的に提示される情報だけで学習が成立することは考えにくい。子どもが構成している意味をベースにしながら授業をデザインする視点を，構成主義は提示」するのである（辰野千壽編（2006）『教育評価事典』，図書文化 ,p.103)。

　こうして，本書では構成主義の視点から理科授業をデザインし，上述した課題を解決するための方策を検討した。もちろん，ここで提示される方策は仮説であり，実践を通してその意味は検証されるべきと考える。実践で検証され方策が拡大されたり，修正されたりすることにより本書が実践の中に根づいていく。これこそが著者全員に共通した願いである。本書に埋め込まれているこうした実践上の萌芽を読者が発掘し，授業デザインとして開花することを望むばかりである。

　おわりに，本書刊行の労をとり，編集に関わる種々の助言をいただいた学校図書編集部の矢野高広氏には，著者を代表して，深く感謝いたします。

2017 年 1 月 5 日

著者代表　森本信也

第1章

子どもはいかにアクティブに理科を学習するか

子どもはいかにアクティブに理科を学習するか

■ アクティブに理科を学習する子ども

■.1 理科教育における子どもの学習についての考え方

現代の理科教育が捉える子どもの学習についての考え方は，オズボーンら（Osborn,R.,Freyberg,P.1985）による次の指摘に端的に示される。

○子どもは自然の諸事象に興味・関心をもつとき，自らの経験や既習の知識に基づき，能動的に諸事象の解釈を試みようとする。その表現は子どもなりに工夫され，ユニークである。

○授業において，子どものこうした考え方を起点にし，徐々に科学的な内容へと修正させていくとき，豊富な事例や例え（「〜みたい」という表現，イメージやモデルの使用）を伴う子どもなりに咀嚼された考え方へと変容していく。

例えば，「水に溶けて見えなくなった食塩は，食塩水の中で水と合体しているんだ」という表現はこれらの指摘の現れである。子どもなりに工夫された考え方の表現である。授業における子どもの考え方の変容は，この表現を起点にしてなされていく。すなわち，小学校における「合体」説は，中学校での「溶媒と溶質」，さらには「電解質と非電解質」というより精緻な科学概念へ変容していく。

> **科学概念**
>
> 自然事象を共通する性質でまとめ，ことばで表現したもの。例えば，溶解に共通する性質（内包という）は，透明性，均一性，保存性である。これらは，食塩，ミョウバン，砂糖等（具体例は外延という），すべての溶解を説明することばとして機能する。科学概念は内包と外延から構成される。

授業で自分なりの考え方を価値づけられ，次の学習への素地として位置づけられていくとき，子どもは学習とはことばや事実のみの単純な記憶ではなく，自分で情報を集め，それを既習内容と照合し，さらに新しい意味を作り上げていくものとして映っていく。能動的に理科を学習する子どもの実像である。

　　子どもは受動的ではなく能動的に学習する資質・能力を潜在的に有している。
それは教師による子どものこうした学習への積極的な支援がなされるときに現れ
る。子どもの自由な考え方と表現は確かに自然に発生する。理科授業において，
それだけでは無意味である。教師がその意味を常に価値づけることが必須である。
その結果，子どもは上述したようにその内容を深めるべく，新たな学習に臨んで
いくのである。子どもの能動的な学習は教師による意図的な支援においてのみ現
れ，結実する可能性をもつのである。能動的な子どもによる学習を一般的に**構成
主義**とよぶ。

　　子どもによる能動的な学習は，学校で理科を
学習する以前に既になされる。また，可能であ
る。以下の会話は幼稚園での 5 歳児と教員との
間でなされた「影のでき方」に関するものであ
る。確かに，教師の適切な支援があるとき，子
どもは自分なりのことばにより，諸事象につい
て考え，表現しようとする（大澤，2011）。

> **┃ 構成主義**
> 学習者が経験や既に持っている考
> え方を核にして，情報を収集し，
> 新しい考え方を作り上げていくこ
> と。考え方を「構成する」，あるい
> は「構築する」というように表現
> される。学び合いにより考え方を
> 構築することを，社会構成主義と
> 呼ぶ。

---

11 月下旬，園庭で影踏み遊びを楽しんでいたカズキの会話から活動ははじめられた。
カズキ：このごろ影が長くなってきたよね。ぼくたちの背が伸びたのかな。
担　任：もちろんカズキ君の背も大きくなっているのよ。けれど，滑り台は背が伸び
　　　　ないけれど影は伸びているでしょ。お日様が私達を照らしてくれる場所がち
　　　　がっているからなの。実験してみる。
担任は直方体の積み木に，太陽に見立てた懐中電灯で光を当て，影の現れ方を色々試
す。
カズキ：ほんとうだ，影が変わる。（子どもは交代で積み木に光を当てる）。
ケンタ：懐中電灯が高いところだと影が小さいんだね。こうすると影が伸びるよ（懐
　　　　中電灯を斜めに少しずつ下げながら）。
カズキ：ほんとうだ！
担　任：お日様も少し前より下になったから影が背がのびたのね。

子どもは教師の支援の下，光→物体→影という関係の理解にとどまらず，光の当て方により影の位置や長さが変化することも理解していった。図 1.1 は小学校 3 年次で学習する「かげと太陽」についての教科書の一部である（霜田他, 2015a）。太陽の位置によって棒の影の長さや方向が変化するのを調べるのである。影の長さや方向から太陽の位置を子どもに推論させるのが目標である。幼稚園での活動は小学校の学習と同質である。もちろん，幼稚園での活動は子どもへの早期教育を目指したものではない。むし

図 1.1 小学校 3 年　単元「かげと太陽」

ろ，教師の適切な支援の下，子どもの活動は広がり，深まり，そしてその意味を彼らは理解することを，上述の事例は示したのである。オズボーンらの指摘の内実である。

　小学校で理科学習が始まると，子どもの考え方と表現はさらに精緻化されていく。下記の会話は降雨について子どもの表現である。「自分なりのことばにより，諸事象について考え，表現」できる子どもを育成しようとする教師による支援の

　子どもは先ず雲の状態について議論をはじめた。
子ども 1：（雲は）たぶん大気と水が混ざっているのかな。
教　師：なるほど。大気と水が混ざったものが雲なんじゃないかなということだね。
子ども 2：雲は水蒸気のかたまり。
教　師：水蒸気のかたまりだと。だけど，（そのうち湯気になって）湯気から水の大きな粒になって，徐々に大きくなると耐えられなくなってどうなるの？
子ども 3：落ちる。
教　師：落ちるんだよな。
子ども 3：それが雨！

下でのみ現れる（森本信也，2013）。「雲は空気と水の混ざり」→「雲は水蒸気のかたまり」→「水蒸気は湯気になる」→「湯気は集まり，大きな水の粒になる」→「水になって落ちる」→「雨」，というように時系列により，子どもは事象の意味を解釈し，降雨についての概念を構築していったのである。

　ここでも，幼稚園での活動と同様に，適切な教師の支援の下，子どもは諸事象の意味を解釈していった。当然のことながら，その考え方と表現はより高度に精緻化されていった。こうした視点から教師による支援が一貫してなされるとき，さらに上級の学年や学校において，子どもの諸事象についての深い意味理解と表現がなされることは容易に想像できる。

　幼稚園と小学校の事例から子どもの理科学習をみるとき，その活動には大きな特徴がある。それは現代の理科教育が捉える子どもの学習についての考え方を示している。子どもは明確な目的意識をもって自然事象から情報を収集し，その意味を吟味し，その結果，自分なりに工夫した表現により知識（概念）を構築し，記憶しようとした。彼らは一貫して自らの思考のプロセスを見つめ，その発展を目指そうとしたのである。

　この活動が成果をみせたのは，「記憶を強いられた活動」ではなく，彼らが「知識を構築し，意味を掴もうとする」活動へ動機づけられ，その支援を教師によりなされたからにほかならない。適切な支援の下，子どもの論理により導かれる知識構築，これが，現代の理科教育がターゲットにする子どもの学習についての考え方である。

　教師の支援により子どもが問題を見いだし，観察，実験を通して問題を追究しながら知識を構築していく活動は，上述した構成主義による学習として説明される。オズボーンらの指摘する「考えたことを自分なりに工夫して表現しようとする」子どもの活動である。体験し，興味・関心をもった事象について子どもが自分で考え，表現することは，言い換えれば，**彼らなりの論理に基づく知識の発見**と捉えられる。ブルーナーは構成主義の視点に立ち，子どものこのような活動を「**発見学習**」と称した。それは次の指摘に見られるように，適切な教師の支援の下で誘発される子どもの能動的な学習の有用性を看破したものである。

「学習において，発見を重視することは，学習者に対して次のような効果がある。第一は，学習者を構成主義者にすること。第二は，学習者が自分に当面することがらを組織するさい，そこに規則性と関連性が見つけられるような計画を行わせること。否，それだけではなく，将来の利用を考えないような逸脱した情報は避けるよう計画を行なわしめること。まことに，発見を重視することこそ，子どもにさまざまな問題解決を学ばせ，情報をよりよく用いるためにこれに変形を加えることを学ばせるものである。また学習という課業そのものをどうやっていったらよいか，それを子どもに学ばせるものである」（ブルーナー，1976）。

　子どもを構成主義者にするというブルーナーの指摘は，既に述べたように，理科授業において子どもに考え方の更新を常に求めるという，教師の支援の視点にほかならない。知識の更新，すなわち前に構築した知識を基に，さらに新しい知識の構築，すなわち「発見！」を求めるのである。このとき，子どもの知識は広がり，その意味は深まっていく。

■.2　明確な見通しのもとで学習する子ども

　知識を発見しようと理科授業へ臨む子どもは，明確な目標，言い換えれば，学習に対する見通しをもっている。当然のことながら，見通しをもつことは計画的な学習へとつながる。見通しすなわち，何を調べたいのか，そのためにはどのような計画を立てれば良いのかが明確になるのである。理科授業における見通しは，学習の始めに子どもが予想をもつことによってなされる。オズボーンらの指摘するように，子どもは経験や既習事項を素地にして，予想をもち何を調べたいのかを明確にしようとする。

　例えば，図1.2は小学校6年次の鉄やアルミニウムは，塩酸に溶けて水溶液中でどのように変化するのかを調べる学習を示している（霜田他，2015b）。子どもは先ず，5年次での食塩の水への溶解の学習を基に，「食塩と同じように溶ける」「塩酸と水は違うから別の物に変化する」等の予想を立てる。5年次に発見した溶解概念を別の学習へ適用しようとするのである。ブルーナーの指摘するように，子

どもは5年次の学習との関連性を考え，新しい発見へ向け，その解決のための計画を立てようとするのである。

図 1.3 では，これらの予想を検証するための実験が計画なされている。塩酸に溶けた金属が既習事項である食塩と同じように溶解するのか，別物へ

図 1.2 塩酸への溶解についての予想

変化するのかを調べる実験が計画される。金属が溶解した水溶液の水を蒸発させ，残った物質が金属の性質を有しているのかを調べることで，予想を検証する活動がなされる。実験の結果，残った物質が金属ではないことから，水に「溶ける」，塩酸に「溶ける」の意味の違いを子どもは発見する。5年次での「溶ける」という意味が深まっていくのである。

① チャレンジ3実験の塩酸に金属がとけた水溶液を，それぞれ少量ずつ蒸発皿にとり，アルコールランプで熱する。
　● 水が蒸発し，液が半分くらいになったら火を止める。
② 蒸発皿がじゅうぶん冷えたら，出てきたものにうすい塩酸を加えてみる。
　● とかす前の金属と同じように，あわが出るだろうか。
　● 他に考えた方法で調べてみよう。

図 1.3 予想を検証するための実験計画

上述したブルーナーの指摘にある構成主義者としての子どもに備わっている資質・能力，すなわち，「学習者が自分に当面することがらを組織するさい，そこに規則性と関連性が見つけられるような計画を行わせる」，ことが具現化されるのである。この科学概念は中学校における多様な物質概念の素地として発展していく。

図 1.4 に示すように小学校で構築された粒子概念は，中学校における電解質と非電解質の概念として拡大していく（霜田光一他，2015c）。あるいは，粒子の質的な変化を生起させる図 1.5 に示す「化学変化」の概念へ発展していく（霜田光一他，2015d）。スチールウールの燃焼を事例として，質量変化，電気伝導性，塩酸との反応等の情報を総合して，鉄から酸化鉄という粒子の質的変化，すなわち，化学変化の概念が構築されていくのである。

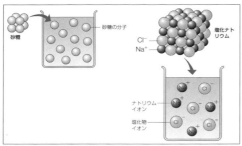

図 1.4　溶質概念

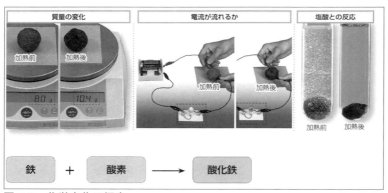

図 1.5　化学変化の概念

　明確な見通しの基に計画的に理科学習を進めていった結果，構築された科学概念を基に，さらに次の科学概念を構築するといった，文字通り系統的な科学概念の構築が，子どもの論理を基になされていくのである。ブルーナーの指摘から，子どもの能動的な学習は，子ども自身による計画的な学習の実施とその成果としての知識の系統的な発見，というようにいうことができる。断るまでもなく，こ

うしたプロセスにおける，子どもの考え方の変容への教師による注視は不可欠である。

　サンゾら（Sanzo,K.L.,et.al.,2015）は，こうした能動的な子どもの学習の実現に向けて，教師がいかなる視点から支援するのかについて分析した。子どもの能動的な学習状況を捉え，計画的に授業を組織化する上で，有用な視点である。彼らは子どもを**アクティブな学習者（active agent）**として捉えた。（このアクティブとは今まで使用してきた「能動的」ということばと同じ意味である。現代の教育課題である**アクティブ・ラーニング（active learning）**で用いられるアクティブも同じである。本書でアクティブあるいはアクティブ・ラーニングということばを用いるとき，上述したブルーナーらと同様に構成主義的な視点として使用する。）学習の目標を学習者自ら定め，その進捗状況を自己評価することができる者，これが彼らによるアクティブな学習者の定義である。

　教師の適切な支援の下，こうした活動を実現させるために，その基準となる子どものアクティブな学習状況をサンゾらは表 1.1 のように分析した。表には，こうした学習を理科授業で

> **アクティブな学習**
>
> アクティブとは英語の active である。学習者が能動的に情報を収集し，考え方を構築するという意味で使われる。学習は個人（主体的）だけではなく仲間との学び合いにより協働的に学習を深める。構成主義と同義と考えられる。

実現する時，想定される子どもの学習状況も併せて分析した。これは，ブルーナーの指摘する構成主義者として子どもの育成にほかならない。上述したように，見通しをもって計画的に理科を学習する子どもの具体的な姿である。

　表にこのことは明瞭に示されている。「見通しをもった計画的な学習」「協働的な学習」「学習成果の適切な表現」がそれである。理科学習においてもこのことは踏襲されている。これらは，オズボーンらが指摘した，能動的に諸事象の解釈を試み，これを工夫して表現し，さらには授業において精緻化していく，という現代の理科教育が捉える子どもの学習の到達点である。理科授業において，表 1.1 に示された視点から一貫して支援がなされるとき，徐々にその姿は露わになる（森本，2013a）。

表 1.1 アクティブに子どもが学習している状況

アクティブな学習状況（Sanzo, K.L. ら）	アクティブな理科の学習状況（森本）
（見通しをもって計画的に学習する） 今何を学習しているのかを説明できる。	予想，観察，実験，結果のまとめ，考察等，問題解決のどの活動をしているのかを説明できる。
学習を進める手順を説明できる。	・ノートやワークシートの記録から，現在の学習の状況を説明できる。 ・予想→観察，実験計画，結果→考察等活動の関連性から活動の手順を説明できる。
（協働的に学習をする） 学習を進める上で困っていることを解決するために他者から情報を得ようとする。	観察，実験の実施，結果の解釈，考察等を行うために，話し合いによりクラスの仲間や教師から情報を収集する。
（学習の成果を適切に表現できる） 学習の進み具合について具体的な方法を示しながら説明できる。	結果を表やグラフにまとめる，学習の成果を描画，概念地図，ことば等により示すことができる。
学習全体を振り返り，説明することができる。	ノートやワークシートの記録から，科学概念を理解するために必要とされた活動を説明することができる。例えば，予想（見通し）→観察，実験の計画・実施・結果の整理→考察の過程を説明できる。

　再三指摘してきたように，子どもは潜在的にこうした活動を進める資質・能力を有している。しかしながら，最近の学力調査にこのことは現れていない。文部科学省による平成24年及び27年に行われた全国学力・学習状況調査（理科）では，小学校・中学校共に観察，実験結果から考察をして，適切に表現することに課題があることが指摘されてきた。教師の支援による，子どもの資質・能力の発掘がなされていないのである。

　表に示すように，学習に対する見通し，すなわち予想をもって理科学習に臨まない限り，考察をすることはできない。何を調べるのかが子どもに明確ではないからである。あるいは，観察，実験結果の適切な表現においてもそうである。何を調べたいのかが明確であれば，その示し方も明確である。表の方がよいのかグラフの方がよいのか判断が下される。理科授業における問題解決の過程を子どもが前の活動を常に振り返りながら進めるとき，こうした活動は必須事項として彼らには受け入れられていく。また，その効果を実感できるのである。そのとき，上述した理科教育の課題は解決の端緒を掴むことができる。

　子どもが計画的に理科学習に臨むとき，彼らは常に現在の学習状況を見定める，すなわち自己評価する。これは，**メタ認知**と呼ばれる活動の充実にほかならない。子ども一人ひとりが理科授業でこうした活動に取り組むとき，当然のことながら，他者と関わり，学習の質を深めようとする。**一人ひとりのアクティブな学習は，アクティブな協働的学習を生み出していく。**子ども一人ひとりのアクティブな学習とアクティブな協働的学習とが常に相互に関わり，彼ら一人ひとり，そして全体の学習の質を向上させていくのである。

> **┃メタ認知**
> 学習がどこまで進んだか，その結果，何が理解できたかを自ら振り返りができること。そのためには，自ら学習の学習状況を常にモニターし，不足している知識を補うために，自ら学習計画を立てたり，他者へ問いかけたりすることが必要。

❷ アクティブな学習の理科授業における実現

❷.1 アクティブな学習を理科授業で実現させる視点の整備

　子どもにおけるアクティブな学習は，協働的な学習を前提とすることにより深化することが明らかになった。さらには，子どもの現在の考え方にとって適切な情報が提示されるとき，彼らはその成果を**描画**や例えのことば（〜みたい）等により自分なりに工夫して表現し，学習を深化させていった。情報交換や考え方の吟味を伴う学習における協働性，現在の学習状況への適切な情報提示を通して，子どものアクティブな学習は実現する。

描画
考え方のイメージを絵で表現したもの。下記は溶解に関する描画。描画により現在の考え方を焦点化できる。

　こうした学習を支援する授業を構想する上で，杉万が看護師教育として模索した方法は有用である（杉万，2008）。この方法はエンゲストロームによる「**拡張による学習**」を背景にしている。「拡張による学習」では，学習者が問題解決を図るために必要とされる活動とその組織化の方法について，分析がなされている。学習は学習者と学習対象である問題，という単純な二項関係だけで捉えることはできない，というのがその基本的な考え方である。すなわち，この関係にさらに別の要因を加えていくことで，実際の問題解決がなされることが示されている。杉万は看護教育でこの視点を展開した。

　理科授業にこのことを援用すると以下に示す図1.6，1.7のように捉えられる。先ず，図1.6左に示すように，子どもは問題解決を求めて，上述したように，協働的な学習を前提として考え方を深めようとする。これは，子どもの問題解決において，「**子ども**」「**問題**」に加えて「**学習集団（仲間）**」という三つの要素を前提とした活動が不可欠であることを示している（エンゲストローム，1999a）。

　しかしながら，これらの要素だけで，授業における子どもの問題解決を進めるにはまだ十分ではない。図1.6右に示すように，三つの要素に加えてさらに「**学**

習の道具」も必要である。学習の道具とは子ども，あるいは学習集団が求める問
題解決の質に応じた，学習を進めるために必要な道具，あるいは手段を指す。学
習に用いられる道具は図1.6右に示すようにその機能は多様である（エンゲスト
ローム，1999b）。

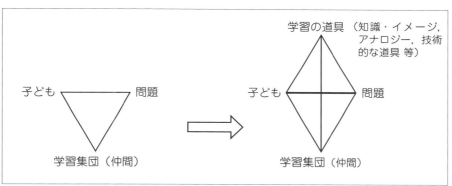

図1.6　子どもの学習を深化させる要因

　例えば，小学校5年次の溶解の学習で，溶けて見えなくなった食塩についての
考察において，「水と食塩は合体している」という例えのことばやその描画によ
るイメージ表現は，子どもにとって食塩の水への溶解という問題に対して，解決
を図る道具として機能する。食塩水中の食塩の様子を説明するのに，子どもにとっ
ては有用だからである。「あ，そうだ！そう説明すればわかるよ」という具合で
ある。もちろん，上の説明が個人の発想にせよ，他者のものであるにせよ，学習
集団の同意があってはじめて道具としての有用性は，子どもにおいて認知される。
これは学習における**心理的道具**である。

　別の道具もこの問題解決では機能する。蒸発皿やガスコンロを使って食塩水を
蒸発させ，食塩が出てくれば，食塩が見えなくなっても水溶液中に保存されてい
たことを説明できる。**技術的な道具**である。この機能も心理的機能と同様の過程
から認知される。

　学習の道具は心理的あるいは物理的機能により子どもの問題解決を媒介するの
が明らかである。こうして理科授業における子どもの学習の深化は，図1.6右に
示す四つの要素を考慮することにより図られていく。

子どもによる問題解決は，学習の道具と学習集団（仲間）を中軸とした授業を計画するとき，円滑にかつ速やかになされていく。その機能を促進するために，学習集団（仲間）における活動の活性化が重要である。ここでなされる情報交換や仲間同士での考え方の十分な吟味が学習の質を左右するからである。ここでの活動の質が，子どもの問題解決の質を決定する。

　それは，容易に想像できるように，学習の道具の質の向上と等価である。子ども同士での議論により，情報や吟味される考え方の質，すなわち学習の道具は，学習集団（仲間）における問題解決の方法の向上と共に，その質を変容させていく。

　図 1.7 はこうした子どもの活動を実現させるための視点を示したものである。図 1.6 にその視点が加えられている。「**ルール**」と「**分業**」という視点である。学習集団が協働的な活動の集団として円滑に機能していくためには，適切なルールと皆で考え方を構築するという前提が合意されなければならない（エンゲストローム，1999c）。

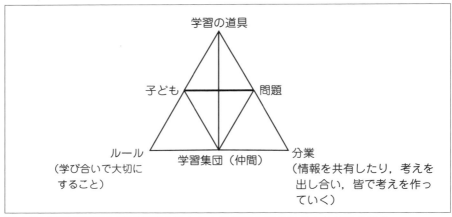

図 1.7　学習の道具と学習集団を軸とした授業における子どもの学習の深化

　「皆で情報を共有したり，考え方を提起し，それを共有する。学習はここから始まる」という前提を，学習集団がルールとして受け入れられなければ，図 1.6 に示した要素は機能しない。図 1.7 はその実践のための基本的な設計図である。

　議論を通して，集団に潜在している情報や考え方を徐々に露わにし，その中で適切なものを皆で受け入れ，最終的に知識として構築するという視点をもつとき，子どもは一人では到底なしえない。**広大な学習資源**が教室に存在することを実感する。授業における，仲間の考え方，子ども一人ひとりがもつ情報が学習資源として機能するのである。協働的な学習の下で，教室に広がる学習資源のイメージである。図1.7のもつ意味であり，アクティブな学習がなされる授業の基本である。

　機械的な記憶のみを求める授業をイメージをする時，こうした主張は鮮明になる。記憶が主目標の授業で必要なものは学習の道具としての教師，PC，教科書のみであり，学習集団と連動してのルールや分業は不要である。協働的な学習は存在しないため，何が必要な情報で，何が意味ある考え方かの吟味はなされない。よって，学習の道具のもつ意味は子どもに理解されない。その結果，ひたすら意味を咀嚼できない学習の道具を用いた記憶が求められていく。アクティブではないパッシブな（passive，受け身で活気のない）学習の成立である。この時，まさに，活用できない知識が蓄積されていく。

　図1.7に基づく授業実践を目指す上で，子どもが実際に関われる可能性について検討しなければならない。文部科学省により実施された平成27年度全国学力・学習状況調査の「児童生徒質問紙」における子どもの学習に臨む姿勢から，その手掛かりを得ることができる。「児童生徒質問紙」では，子どもの学習に対する意識と平均正答率との相関が調査されている。その中から，上述の分析と関連のあると思われる項目と平均正答率を報告書から抽出し，表1.2にまとめた（文部科学省，2015）。

　理科の平均正答率は小学校61.0%，中学校53.5%であった。自分の考え方を発表し，広げたりすることにおいて，アクティブな関わり方をした者とそうでない者との差が，正答率を見るとき顕著であることが明らかである。また，明確な見通しを立てて観察，実験し，その結果についての考察をした者とそうでない者との間でも，理科学習の成績に同じ傾向が見られる。こうした活動は，ルールや分業としてクラスの多様な考え方を吟味し，合意を得ることで成立する。そのと

表 1.2 「ルール」「分業」についての子どもの意識と理科学習の成績との関係

質問紙調査の内容	正答率（％）		
学級の友達と（生徒）の間で話し合う活動を通じて、自分の考えを深めたり、広げたりすることができていると思いますか。	（そう思う）	小学生	64.0
		中学生	55.9
	（そう思わない）	小学生	52.2
		中学生	45.8
理科の授業で、自分の考え（考察）をまわりの人に説明したり発表したりしていますか。	（当てはまる）	小学生	66.5
		中学生	62.2
	（当てはまらない）	小学生	52.5
		中学生	44.8
理科の授業で、自分の予想をもとに観察や実験の計画を立てていますか。	（当てはまる）	小学生	64.7
		中学生	59.9
	（当てはまらない）	小学生	48.8
		中学生	43.2
理科の授業で、観察や実験の結果から、どのようなことがわかったのか考え（考察し）てますか。	（当てはまる）	小学生	65.6
		中学生	62.0
	（当てはまらない）	小学生	46.1
		中学生	38.9

き連動して，学習の道具の質的変化も生起する。考察で正答率の高かった者の活動の内実である。

　こうして表 1.2 に示された結果から，図 1.7 に示した協働的な学習とこれを支え，媒介する学習の道具の変化により，理科授業における子どものアクティブな学習が成立する可能性をみることができる。実際の授業を事例を示しながら，こうした主張をさらに強固にしたい。

2.2　学習の深化をもたらす理科授業の実践

　授業で子どもに考え方を披瀝させ，共有させることが学習を深化させるための前提であった。図 1.7 を基にして理科授業を計画することにより，こうした視点を活かした学習活動を展開することができる。図 1.8 に図 1.7 を基にした，小学校 4 年次の水の状態変化に関する指導の視点を示した。

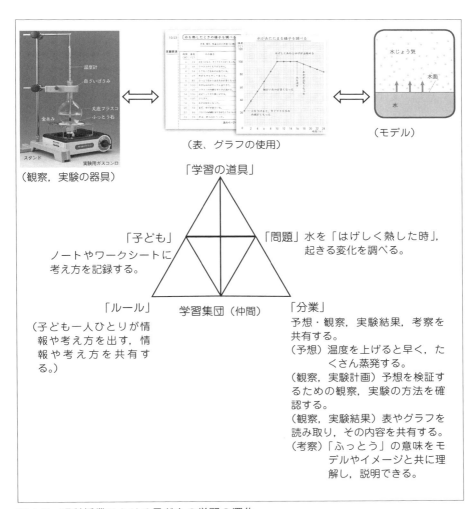

図 1.8　理科授業における子どもの学習の深化

図 1.8 では，水の自然蒸発の学習経験を基に，実験室で水を熱したとき起きる変化を調べることが，先ず「問題」として措定される。その解決のために学習集団（仲間）では，分業として予想から考察に至る各活動が，クラスの仲間の合意により進められる。図に示された各活動の共有とはこうした意味である。これは分業としての活動の特徴である。すなわち，分業としての学習を通して，子どもは一人ではなしえない学習の成果を得られることを実感する。子ども一人ひとりが互いの情報や学習の成果を相互に取り入れながら，自らの学習を深化させていくのである。これは**アプロプリエーション**と呼ばれる活動である。分業に含まれるべき活動の実態である。

> **アプロプリエーション**
> アプロプリエーションは英語の appropriation である。他者のもつ情報や考え方を互いに自分のものとして取り入れていくことを指す。専有，借用というように訳される。受動的ではなく能動的な学習の状況を説明している。

　ここでのアプロプリエーションとして最も重要な活動は，観察，実験結果を共有し，その結果から考察をすることである。この活動を支えるのが，学習の道具であり，活動の進行と共に質的に変容させていかなければならない。学習の道具は，子どもにアプロプリエーションすることを駆動させる契機となるのである。分業での活動を一貫して支えていく。

　ここでの学習を詳しく記述すると，先ず，技術的な道具として観察，実験器具が準備され，水の加熱が観察される。さらに，観察，実験結果を明確化するための道具として表やグラフが使用される。この道具を使用することにより，水を加熱した時に起きる事実への焦点化とその表現がなされる。すなわち，加熱すると共にグラフが上昇し，連動して水の中に気泡が多く発生することや 100℃付近でグラフが平たんになることを，この道具を使うことにより明示できるのである。この時，表やグラフは，生起した事象を子どもが振り返り，整理し，咀嚼する意味で，心理的道具としても機能してく。

　水の蒸発や沸騰という事実，その表やグラフによる定量的な表示は，最終的に「じょうはつ」「ふっとう」ということばと既成のモデル，あるいは子どもが構築するイメージによる表現へと収斂してく。モデルやイメージは，これらすべての

事項を結びつけ，説明するための手段，すなわち道具として機能していく。これは心理的道具の使用である。ここでは事象の説明における**具体と抽象との往還**がなされる。モデルやイメージが有する機能である。

　こうした学習の道具の具体を経た抽象としてのまとめ，あるいは完成は重要な視点である。一つのことば，式，記号が多様な事象を包含し，説明のための道具として機能することを子どもに理解させることができるからである。言い換えれば，理科授業のゴールとして諸事象の理解が，なぜこうした抽象的な表現として表されるかを，子どもに示す契機となるのである。

　エンゲストロームによる次の指摘はこの点について明快である。「理論的な思考が他のタイプの思考と異なるのは，それが対象の観察しうる行動の背後に隠された関係性や一貫性を取り出し，目に見えるものとするという意図のもとに対象のモデルを構成する，という点だからである。そして，このモデルの構成は，アナロジーによって可能となる。それゆえ，理論の核心部は，多様なモデルの関係であって，それはアナロジーの諸タイプ」（エンゲストローム，1999d）なのである。

　学習の道具はこうして技術的・心理的な機能を具備させながら，分業での活動を支え，それぞれの活動において的確な学習成果を結実させることに寄与する。観察，実験をすること，結果を整理すること，考察をすること，それぞれの活動を充実させるためにふさわしい道具が必要であることを，子どもに理解させることが必要である。道具を使用する必要性，必然性を子どもに実感させなければならないのである。同時に，各学習の道具間でのつながりの理解も必須である。これが子どもに**学習の深化**をもたらす。

　表1.2に示された「自分の考えを深めたり，広げたりすることができている」というように，学習状況を振り返られた子どもにおいて，生起していることである。これらの子どもは具体と抽象との往還を繰り返しながら，よりよい説明の仕方を模索しながら学習を進めようとしている。それ故，グラフや表を読み取り，考察を求める「科学的な思考・表現」の問題に対する正答が高率になったのである。

　図1.8で学習の道具として示されたモデルは，水の蒸発を説明する科学概念として機能していることが明らかとなった。もちろん，これは機械的な暗記を意味

するのではなく，子どもなりの表現として説明されなければ心理的道具として機能しえない。自明のことである。あるいは，クラスでの議論を通してこうしたモデルに類似したイメージが構築されることもある。何れの場合においても，クラスの中でこのモデルやイメージの意味が咀嚼され，受け入れられることが必要である。

　これは子ども同士の適切な関わりの中でこそ成立する学習である。図 1.7，1.8 に示すルールの子どもにおける了解なしに成立しえない学習である。子どもが考え方や情報を出し合い，これらを吟味し合いながら，学習を深化させる様は，**社会構成主義**による学習として説明される。これは，構成主義の項で示したように，いわゆる学び合いとして通常説明される。しかしながら，ここで述べているルールと分業としてのアプロプリエーションが機能しないとき，授業において学び合いは形式としては存在し得ても，子どもの学習に対して何らの実効性も発揮しえないことは明らかである。

　子どもによるアプロプリエーションの事例をみるとき，こうした解釈が成立することが明らかである。図 1.9 は，図 1.8 の活動の発展として教科書に示された観察，実験結果を子どもが構築したイメージにより，説明させた結果を示している。イメージとこれが構築された対話から，加熱された水が蒸発してビニル袋が膨らむことを，風船が膨らむことに例えたアプロプリエーションがなされていったのである（渡辺他，2015）。描画と対話から，子どもは共有された情報と図 1.9 のイメージを基に，考察をしていった。子どもはビニル袋の膨らみを説明するために，必要と思われるありとあらゆる情報を収集していった。結果の説明にそれが表れている。

　アクティブに，すなわち能動的に子どもが学習に取り組んだときにのみ現れる，あるいは期待される結果である。既に述べたように，アプロプリエーションが子どもの学習を深化させることに寄与しているのが明らかである。分業としての学習の説明であり，図 1.7，1.8 の学習を駆動させるために重要な機能である。これは教師による，子どもへの意図的な働きかけにおいてのみ可能となる。理科授業における分業とルールの適切な機能化によりもたらされる成果である。

①ふくろをべしゃんこにし、中の空気をぬいてから、水を熱する。

②ふくろがふくらんだら、すぐに火を消す。

〈予想〉
ふくろはふくらむと思う理由は水蒸気＝気体＝空気の仲間だから風船の中に入っているのも空気だから風船と同じようにふくらむと思う

空気　同じ　←風船かわり

図1.9　アプロプリエーションによる「学習の道具」の取り入れ

子ども1：100℃になると沸騰して水蒸気になるから、上に行くけど、漏斗と袋がふさいでいて、袋には穴が空いていないから、水蒸気の逃げ道がなくて、袋に水蒸気が閉じ込められて、たまっていったんじゃないかなと思いました。

教　師：予想でさ、みんなが使った理論は何だっけ？

全　体：風船理論。

教　師：風船理論とつなげて考えてみる？（子ども2）さんどうぞ。

子ども2：風船が袋で、熱源が口で、水蒸気が息で、口から空気、気体が出て、それで風船が膨らむから、それと同じで水蒸気が気体で出てきて、それが袋に入るから膨らむと思いました。

子ども3：風船みたいに息を入れると、膨らむ。ここでは、水蒸気。ここに入っている水蒸気は100℃なのに、周りの空気は10℃くらいだから、その周りの空気に冷やされて水になってしまって、袋を押す力がなくなってしまった。それで、息がなくなった風船みたいにしぼむ。

❸ 「学び合い」が促すアクティブな学習

❸.1 「学び合い」が生み出す学習の質

　分業とルールの共有が子どもに学習の深化をもたらすことが明らかとなった。ところで，最近の授業方法改善の視点として「学び合い」が，その中心に据えられることが少なくない。集団の場における日本のこうした学習方法は，海外においても評価が高い。日本の教師，特に初等教育の教師はこうした学習環境を，学級文化として高めることに腐心している，というのである (Bransford,J.D.et. al.,2000)。その核心は，子どもの**つまずき**をクラスで共有し，議論を通して考え方の根拠を確かめ，確かな理解へと結びつけようとすることにある。ある意味，学び合いは日本の学校における指導方法の中心として，歴史的に機能し，現在まで受け継がれてきたものと捉えることができる。

　「根拠をもって自分の考えを表現することが不得手」という現在の教育課題に対して，こうした指導方法を前提とする時，その端緒は開かれるように思われる。それは，上述した「皆で情報を共有したり，考え方を提起し，それを共有する。学習はここから始まる」という理科授業の前提の再確認である。学習集団がルールとして受け入れ，分業として結実させるとき，アプロプリエーションが生まれる，という視点を理科授業でいかに発展させるのかが，必要である。エンゲストロームの提案は，理科授業の今日的な課題に対して極めて重要な視点をもたらすのかが明らかである。

　理科授業における学び合いの事例から，子ども一人ひとりの学習を充実させるために，その指導において必要とされる視点を分析する。以下に示すのは，中学校2年次の化学変化における質量保存に関する議論である。事例は，燃焼させたスチールウールの質量が増加した結果を受けての議論である。

　子ども1は燃焼を物質の消滅，子ども2は酸素と結合するということばは記憶しているが，その説明は明確ではない。このとき，教師による「重さは増えたよね？」という発問は，二人の子どもに対して燃焼における，質量変化という視点に改めて目を向けさせている。子ども3はこの発問を受けて，気体の質量，気

体の酸素と鉄の化合による質量の増加，という新しい考え方を提起している。そして，子どもたちは説明に納得してこの考え方を受け入れている。

　ここで，学び合いを通して子どもは，新しい考え方を獲得している。子どもが新しい考え方を受け入れるためには，その素地がなければならない。無原則に受け入れているわけではない。教師により，今までとは異なる視点から考えることを求められ，その視点から考える意味を受け入れたからである。こうした素地を基にして，新しい考え方を受け入れようとしたのである。子どもの考え方にとって必要であり，受け入れることが彼らに新しい意味をもたらしたのである。

　学習にとって必要不可欠なことと判断したとき，子どもは自ら情報を受け入れ，新しい考え方を構築しようとする。子どもにとって意味ある理解の成立である。子どもに意味ある理解を促すためには，今ある考え方に不足している点や限界を彼らに実感させることである。この事例はまさにこのことを示している。色々な情報や考え方が提起される学び合いの中でこそ成立する学習である。このような

子ども１：　物を燃やすと灰みたいな燃えかすが残り，もとの形はなくなってしまう。だから，スチールウールも同じで，燃やすと軽くなると思ったんだけど。

子ども２：　物が燃えるのは燃える物と酸素が結びつくことだから，スチールウールは燃やすと酸素と結びつくんだよ。小学校でやった。

教　師：　燃やしたら，重さは増えたよね？

子ども２：　酸素は鉄に結びついたと思うけど，気体だから，重さはどうかな？

子ども３：　１年の時，固体でも液体でも気体でも物には重さがあるってことやったから，酸素とスチールウールが結びつけば燃やす前より，重くなるんじゃないの。

教　師：　考えをまとめると，スチールウールが燃えるってことは鉄と酸素が結びつくってこと，酸素が結びつくってことは質量も増える，というように考えて良いかな。

全　体：　いいです。

教　師：　鉄と酸素を化合させると質量以外ほかに何か変化することあるかな？

学習には特徴がある。子どもは自力では到達しえない考え方へ，教師や周りの子どもの考え方を借り入れることで，到達できるようになる。学び合いはそのためにこそなされなければならない。

　子どもが他者の働きかけにより，次の学習へ到達できるとき，他者の働きかけは，子どもの知的な発達にとって，最も近いところにあったものというように捉えられる。この事例による教師と子どもによる議論を通した新しい考え方の提起は，子どもの考え方の発達にとって最も近いところにあったから，彼らは受け入れることができたのである。これはヴィゴツキーが提唱した**「発達の最近接領域」**という考え方である。

発達の最近接領域

最近接発達領域とも言う。子どもの現在の考え方に対して，意図的，意識的にこの考え方を発展させる働きかけをすることである。先ず，子どもは今の考え方と新しい考え方との結びつきを吟味する。その結果，今の考え方を発展できると判断したとき，新しい考え方は子どもの発達の最も近くにあった，というように捉える。

　すなわち，「発達の最近接領域は，発達において既に到達したものではなく，成長過程にあるいまあるものを考慮しつつ，子どもの明日，子どもの発達の動的状態を明らかにすることを助ける」（ヴィゴツキー，1978a）。「大人の指導のもとで，援助のもとで可能な問題解決の水準と自主的な活動において可能な問題解決の水準との間の「くい違い」が，子どもの発達の最近接領域を決定する」のである（ヴィゴツキー，1978b）。

　子どもにおける科学的な考え方の芽生えを見いだし，この指摘にある「成長過程にあるいまあるものを考慮しつつ，子どもの明日，子どもの発達の動的状態を明らかにする」のである。そして，これを子どもに自覚化させること，すなわち「大人の指導のもとで，援助のもとで可能な問題解決の水準と自主的な活動において可能な問題解決の水準との間の"くい違い"」を子どもに知らせる。

　その結果，彼らは次の学習に必要な情報を教師や周りの子どもから得て，新たな学習への動機とすることができるのである（森本，2013b）。子どもにおけるアプロプリエーションは，まさにこうした活動が適切になされた証拠である。理科授業における学び合いが適切に機能した成果である。

　エンゲストロームの提案にあるルールと分業による個と集団による学習の充実は，発達の最近接領域の機能化による，新しい質の学習の創出である。言い換えれば，学習の道具の変化といえよう。次々と繰り出される教師やクラスの仲間による情報や考え方を基にして，学習の質，すなわち道具を深める活動が展開されていくのである。上述した学び合いの事例にあった，教師の最後の発問はこのことを物語っている。

　「教師：鉄と酸素を化合させると質量以外ほかに何か変化することあるかな？」。鉄の酸化による電気伝導性の変化，塩酸との反応性の有無等の技術的な道具の提示を基に，次の学習が展開されていくのである。それは，図1.10に示すように教科書において，技術的な道具により得られた多様な情報が心理的な道具としてことばや記号として統合されていく過程である（霜田光一他，2015d）。教科書に一般的に見受けられる記述は，こうした学習過程を想定することにより始めて，子どもには受け入れられよう。

物質が酸素と化合することを**酸化**といい，できた物質を**酸化物**という。また，激しく熱や光を出しながら酸化することを，特に**燃焼**という。物質が燃えるということは，物質が酸素と化合することである。

物質　＋　酸素　——酸化（燃焼）→　酸化物

図1.10　物理的な道具から心理的な道具への変化

　理科授業における科学概念の具体から抽象への発展は必須事項である。それはこうした学習の道具の変化として，さらには，発達の最近接領域を想定した学び合いの中でこそ，その機能を確実に発揮する。理科授業において学び合いが想定されなければならない基本的な理由である。

　学び合いを進める上で，避けられないもう一つの課題は個人の問題意識である。こうした学びを支える意義を感得できる個人の存在は，不可欠である。エンゲストロームはこうした点へも顧慮している。次の指摘である。「学習活動によって必要とされ，生産されるのはどのような主体なのだろうか。まさに，これは，学習活動と結びついた意識性の質の問題である。学習における意識性の問題は，今日では「メタ認知」という概念のもとで議論されている」（エンゲストローム，1999e）。続けて，エンゲストロームはメタ認知を次のように捉える。「学習者自らが新しい状況を創造する」（エンゲストローム，1999f）。

理科授業における子どものアクティブな学習は，メタ認知を基に，彼らが明確な見通しを立てることによって成立する。既に述べた通りである。こうした資質・能力を備えた子どもが，上述の学び合いに参加する時，彼ら一人ひとりにとって，発達の最近接領域となるべき情報や考え方が，教室に学習資源として広がっていくことは想像に難くない。教師の発問，あるいは子ども同士の議論を通して，これらは表出され，新たな学習の道具が生み出されていくのである。それは，子どもにとって「何がメタ認知的にコントロールされ，モニターされるべきなのか」を，常に意識化することによって実現されるのである（エンゲストローム，1999g）。

　モニタリングとコントロールはメタ認知を進めるための重要な活動である。前者は「この考えでいいのかな，この計画で進めていいのかな」という，学習を振り返ることである。後者は「この考え方は変えなければいけないな，新しい計画を立てる必要があるな」という，今の学習を新しい内容へつなげようとすることである。学び合いの中で，子どもに常に意識させるべき活動である。

　こうした主体としてあるいは集団として意識的に，意図的に学習へ関われる子どもを育てながら，学び合う集団は形成されなければならない。集団の育ちなくして，子ども一人ひとりの学習の充実はありえない。理科授業で学び合いを位置づけなければならない最大の理由はここにある。一人ひとりの学習を向上させる肥沃な集団こそ育てられなければならない。メタ認知が学び合いの中で位置づけられる理由である。その機能の向上は重要である。

■.2 「学び合い」を実現させる視点の整備

　授業における学び合いの意味とその実現の視点を考える上で，ホルツマンの次の指摘は至言である。「創造的に模倣し他者に自らの完成をゆだねる」「この相互作用を，「他者の取り入れ」として特徴づけた。人は，他者を通して自分を形成してゆく」「学習と発達は基本的に社会的活動である」（ホルツマン，2014a,b）。子ども一人ひとりが集団の中で，互いの感じ方や考え方をまねながら，新しい考え方を創造していくとの指摘である。ホルツマンはこれを**創造的模倣**と称し，子

ども同士の関わり合いの中心的機能と捉えた。発達の最近接領域を構成すること
と同じ意味である。

　かつて学校教育において，創造と模倣は相容れないものとして捉えられてきた。
前者は，推奨されるべきもの，後者は否定されるべきものであった。前者はオリ
ジナル，後者は非オリジナル。学校の役割は，子どもにオリジナルなものを創出
させることにある。したがって，推奨と否定という評価がなされてきたのである。
しかしながら，以下に述べるように両者は子どもの発達にとって密接に関連して
いる。むしろ相補的でさえある。

　ことばを獲得しつつある子どもにおいて，こうしたことは顕著に表れる。喃語
に近いことばを発する子どもに，親が絵本を通して話しかける場面を想像してみ
よう。子どもは犬の絵が気に入っているとしよう。子どもが犬の絵を指さすとき，
親は「ワンワンね」と子どもに対応する。子どもはワンワンという音と犬の絵を
対応させる。子どもは事物に名前があることを学習する。次に絵本で犬の絵を見
たり，散歩で犬にあったとき，子どもは犬をさして「ワンワン」というであろう。
子どもは親のことばを模倣して，犬をほかの動物と区別することを学習したので
ある。さらに，子どもはワンワンにも色々な種類があることを理解していき，犬
の概念を拡大させていく。

　模倣がなければ，こうした学習は成立しえない。創造と模倣は密接に関連して，
子どもの発達に寄与していく。ことばの模倣を通して，子どもは概念を獲得して
いく。模倣は新しい学習の素地である。それは，新しい学習へ子どもを移行させ
るための足場をつくることである。模倣は創造に至るための足場づくりといえる。

　上述の子どももそうであるように，はじめ半信半疑でことばや考え方を模倣，
すなわち受け入れ，その意味を吟味することにより，新しい考え方へ彼らは到達
することができるようになるのである。スチールウールの燃焼における酸素の結
びつき，酸素にも質量があるという考え方の受け入れは，質量保存の概念を獲
得できなかった子どもにとって，新しい意味をもたらしたのである。はじめに
模倣があり，結果として創造としての科学概念獲得を結実させられたのである。
このように考えるとき，模倣と創造の繰り返しにより，子どもを新しい学習へ

誘う**足場づくり**こそが，学び合いの本質的な機能と捉えることができるのである。足場づくりという親，クラスの仲間，教師からの働きかけは，いうまでもなく発達の最近接領域の構成である。意図的に子どもにこのような働きかけをすることが，彼らの学習の向上に寄与する。理科授業における予想や観察，実験，結果，考察における議論は，まさにこうした機能を有する

足場づくり

足場かけ，足場組みとも言われる。英語の scaffolding の訳である。子どもの今の考え方に即して，これを飛躍させるために新しい考え方の視点を提示すること。新しい考え方への足場を作る，という意味である。

ものであり，そうでなければならないのである。こうした場を通して，子どもは科学用語，表やグラフの読みと解釈，式や記号の意味を獲得していくのである。もちろん，この学び合いの場に上述したように，教師が積極的に関与することはいうまでもない。

　こうして，授業における足場づくりとしての学び合いの状況をみるとき，それは，結局，対話的な学習と同義語として捉えられる。ブルーナーは，対話における子どもの思考の発展という観点から，その意味について言及をしている。対話における子どもの多様な学習可能性の指摘である。教師が意図的に準備すべきこうした学習の場が具備すべき条件の分析を行っているのである。

　すなわち，「思考は，しばしばこの種の対話の内的な発展なのである。思索家が彼と後で熟慮した文章との間の対話におけるように，助けとなる発見すら生じるのである。」（ブルーナー，1977a）。対話には，そこに関わる子ども一人ひとりが熟慮した成果としての表現が多様な形で表れる。対話を通して，そこにある思考と表現を，子ども一人ひとりは互いに読み取り，解釈し，自らの思考へ取り入れるのである。対話的な学習はその機会を提供する。それが，彼らの思考の成長に寄与すると，ブルーナーは指摘するのである。自らの思考へ他者のそれを取り入れつつ，反省的にその適否を吟味する機会の提供，それが対話なのである。

　そして，この言を基にブルーナーは対話的な学習を通して，子どもに育成させるべき資質・能力について言及している。「精神的成長は，きわめて著しく外側からの成長ー文化の中に具体化され，文化の働きかけによって生ずる相互の対

話の中で伝えられる諸技術の会得－ に依存していることを示唆している。(中略) 成長のほとんどは，われわれ自身の足跡をふりかえってみること，および成人した教師の助けをかりて，われわれがしたことやみたことを新しい形式で記録すること，それから，これらの記録によってつくられてきた新しい所産でもって，新しい様式をもった構成へと進んでいくこと，などによって，開始される」(ブルーナー，1977b)。

　自らの考え方と表現にはなかったものを対話，すなわち学び合いから読み取り，自らの考え方へと加工し直すことによって，子どもは考え方へと発展させることができるのである。学び合いという外からの働きかけを，子どもは内側から捉え直し，自分の成長に役立てることができるのである。外側からの働きかけを取り入れられるとき，子どもにとって新しい考え方の足場づくりがなされたといえる。その活用のための準備が図られたということができる。さらに，それは新しい情報を受け入れるための素地となり，上述の学習が質を深めた形で繰り返されていくのである。

　「どうやったらこのグラフを読み取れるのかな」「Aさんのあのイメージ，ボクのよりわかりやすい」「Bさんの例えの説明よくわかる」，というような内側からの反省的な考え方こそが，外からの働きかけを受け入れる障壁を低くするのである。また，受け入れの機会を増大させることができるのである。このとき，ブルーナーの指摘する対話における表現方法の多様性は必須である。「反省的場面では，モデル，絵，単語，数学的記号のいずれにせよ，何らかの表示法が，極めて重要となってくることはたしかである」(ブルーナー，1977c)，という指摘にある条件が，学び合いを積極的に促し，進める活動の中核として位置づけられなければならない。

　一つの説明に対して多様な表現がなされることにより，学び合いから情報や考え方を受け入れる可能性を増大させる。例えば，密度ということばに対して次のような多様な表現が学び合いを通して披瀝されるとき，その受け入れや理解の程度が増すことは容易に想像できる。「質量÷体積」「単位体積当たりの質量」「重い軽いの目安」「氷山が海に浮いている」「大きな発泡スチロールを持ち上げたら

形は大きいのに結構軽かった」。こうもいえる，ああもいえるというわけである。学び合いを通した咀嚼の繰り返しである。学び合いの中心的な機能である。

　理科教育の目標である科学概念の獲得は，数式，記号，モデル，ことば等による抽象概念としてなされる。それは事実からの抽象によってなされる。しかしながら，このような公式通りの理解が成立することはまれである。具体と抽象の狭間で子どもは悩みながら学習をしていく。多様な表現により学び合いが，理科授業において日常化されていくとき，子どもそれぞれが，それぞれの理解にとって求める情報が彼らの周りに広がるのである。子ども同士が有効な情報源として機能していくのである。ヴィゴツキーのいう「**有能な他者**」として，子ども同士が彼らの考え方を広げる学習資源として機能していくのである。

　自分の理解にとって必要とする情報を，互いの考え方を表現の披瀝をきっかけにして，子どもは新しい考え方へ突き進むことができるのである。まさに，互いを学習の手本として，あるいは目標として新しい世界を創造するようになるのである。「「頭一つ抜け出た人」，つまり自分が成ろうとする人とかかわるとき，すべての年齢の，あらゆる人が発達できるのである。赤ちゃんがまだ正しく話す以前から，母親と一緒に会話をパフォーマンスするように，学齢期の子どもたちも知識も無いのに読み書きや算数や科学をパフォーマンスできるし，大人もパフォーマンスの力で，自分の世界をまわしていくしかたを学べるのである」（ホルツマン，2014c）。

　こうした有能な他者を基調とした対話的な学習を，授業の視点として実現させるために，アレクサンダーの提案する対話的授業に関する，以下の五つの原理は有用である（Alexander,R.,2005）。これらは対話的な学習の成立を評価するための規準と捉えることができる。

- （目的的）教師は子どもに目標を明確に伝え，これを基に授業を進める。
- （協働的）教師と子どもが一体となってグループあるいはクラス全体で課題を処理する。
- （相互教授的）教師と子ども双方がお互いの考え方を聞く，考え方を共有する，あるいは別の解決策を検討する。

- （支持的）子どもは常に自由な雰囲気の中で，自分の考え方を表現できる。
- （蓄積的）子どもと教師それぞれ，あるいは全体で一貫した視点に基づき考え方を構築し，これらを結びつけようとする。

　クラス全体が目的的に共通の目標を確認しながら学習を進める，それは必然的に協働的な活動，特に相互教授を生み出す，しかもその活動は支持的であり，自由度が十分保証される，そしてこうした協働した学習は常に蓄積することが意識され，最終的にその成果を子どもは目の当たりにすることができる，というのがこの原理の考え方である。

　上述した子どもによる咀嚼の繰り返しがこうした学習を支え，進める機動力となるのである。そのために，学習へ進めるための多様な窓口を教師の手により見いだし，価値づけることが必須である。教室における最強の有能な他者は教師である。それは，子どものこうした活動の場でこそ最強でなければならない。対話的な学習におけるナビゲーターとしての教師の機能である。

【引用文献】

Alexander,R.(2005)Culture,Dialogue and Learning : Note on An Emerging Pedagogy, *IACEP 10*[th] *International Conference* 14.

Bransford,J.D.,Brown,A.L.,Cocking,R.R.(2000)*How people learn* National Academy Press,132-135.

ブルーナー (1976)『直感・創造・学習』(橋爪訳)，黎明書房,138.

ブルーナー (1977a)『教授理論の建設』(田浦・水越訳)，黎明書房,36.

ブルーナー (1977b)『教授理論の建設』(田浦・水越訳)，黎明書房,38-39.

ブルーナー (1977c)『教授理論の建設』(田浦・水越訳)，黎明書房,36.

エンゲストローム (1999a)『拡張による学習』(山住他訳)，新曜社,73-77. 図 1.6 集団の形成と道具の使用を説明

エンゲストローム (1999b)『拡張による学習』(山住他訳)，新曜社,246-248. 図 1.6 多様な道具の説明

エンゲストローム (1999c)『拡張による学習』(山住他訳)，新曜社,249-250. 図 1.7 ルールと分業の説明

エンゲストローム (1999d)『拡張による学習』(山住他訳)，新曜社,247.

エンゲストローム (1999e)『拡張による学習』(山住他訳)，新曜社,144.

エンゲストローム (1999f)『拡張による学習』（山住他訳）, 新曜社 ,147.

エンゲストローム (1999g)『拡張による学習』（山住他訳）, 新曜社 ,148.

ホルツマン (2014a)『遊ぶヴィゴツキー』（茂呂訳）, 新曜社 ,130.

ホルツマン (2014b)『遊ぶヴィゴツキー』（茂呂訳）, 新曜社 ,129.

ホルツマン (2014c)『遊ぶヴィゴツキー』（茂呂訳）, 新曜社 , ⅱ - ⅲ .

文部科学省（2015)『平成 27 年度全国学力・学習状況調査報告書質問紙調査』,148,150-151.

森本信也 (2013a)『考える力が身につく対話的な理科授業』, 東洋館出版社 ,130.

森本信也 (2013b)『考える力が身につく対話的な理科授業』, 東洋館出版社 ,26-27.

大澤洋美 (2011)「太陽光と物の影のでき方への気づき」, 森本信也・磯部頼子編『幼児の体験活
　　動に見る「科学の芽」』, 学校図書 ,77-78.

Osborn,R.,Freyberg,P.(1985)*Learning in Science*.Heinemann.13,109-110.

Sanzo,K.L,Myran,S.,Caggiano,J.,(2015)*Formative Assessment Leadership*.Routledge.46-48.

霜田光一他 (2015a)『みんなで学ぶ小学校理科 3 年』, 学校図書 ,24.

霜田光一他 (2015b)『みんなで学ぶ小学校理科 6 年』, 学校図書 ,155.

霜田光一他 (2015c)『中学校科学 3 』, 学校図書 ,84-85.

霜田光一他 (2015d)『中学校科学 2 』, 学校図書 ,36.

杉万俊夫 (2008)「中堅看護師研修における活動理論の実践」, インターナショナルナーシングレ
　　ビュー ,31 巻 ,5 号 ,50-53.

ヴィゴツキー (1978a)『思考と言語（上)』（柴田義松訳）, 明治図書 ,26.

ヴィゴツキー (1978b)『思考と言語（上)』（柴田義松訳）, 明治図書 ,268.

渡辺理文・長沼武志・高垣マユミ・森本信也 (2015)「形成的アセスメントに基づく理科授業を構
　　想するためのモデルとその検証」, 日本教科教育学会誌 , 第 37 巻 , 第 4 号 ,11-24.

【読みたい本・参考になる本】

松下佳代 (2009)『パフォーマンス評価』, 日本標準

松下佳代編 (2010)『新しい能力は教育を変えるか』, ミネルヴァ書房

第2章

授業における対話を通して見える
子どものアクティブな学習

授業における対話を通して見える子どものアクティブな学習

■ 理科授業における対話とは

■.1 アクティブ・ラーニングを実現する対話

　第2章では，第1章でも挙げてきたアクティブ・ラーニングを具体化する対話的な理科授業の有るべき姿について述べていく。アクティブ・ラーニングとは,「一方的な知識伝達型講義を聴くという(受動的)学習を乗り越える意味での,あらゆる能動的な学習のこと。能動的な学習には，書く・話す・発表する等の活動への関与と，そこで生じる認知プロセスの外化を伴う」(溝上，2014)と定義されている。この定義から対話を考えていくと,「話す活動を通して個々の成員がもつ認知，思考を外化するプロセス」と捉えられる。文部科学省(2016)は，アクティブ・ラーニングを実現する授業改善の方策として,「他者との協働や外界との相互作用を通じて，自らの考えを広げ深める，対話的な学びの過程」を示し,アクティブ・ラーニングを指導方法での視点とした。その具体的な内容は，子どもの「主体的な学び」「対話的な学び」「深い学び」である。繰り返すまでもないが,アクティブ・ラーニングを実現するためには，対話的な授業の成立が必要条件となるのである。そこで，本章では，まず，理科授業において対話が必要となる意味について，その理論的背景から考える。次に,理科授業においてアクティブに学ぶ子どもの姿をあげる。そして，理科において対話を通した授業を成立させる為に考えることについて説明を加えていく。

■.2 対話を支える理論

　理科授業において対話を議論する場合，**ヴィゴッキー**(Vygotsky,L.S.)の理論が参考にな

ヴィゴツキー

レフ・セミョノヴィチ・ヴィゴツキー(1896-1934)は，旧ソビエト連邦の心理学者。人間が誕生した時には，長い歴史の流れの中で，数多くの人々の活動によって創り出されてきた文化・歴史が存在するとして，人間の高次精神機能の文化・歴史的起源を提起した(ヴィゴツキー,L.S.& ルリア,A.R.,1987)。

る。ヴィゴツキーは，文化的な人間の行動を「文化的発達とは，あれこれの心理操作を実行する手段として**記号**を利用することに基づく行動方法の習得であると仮定する十分な根拠がある。」(Vygotsky,L.S.,1928) と述べ，人間は記号を用いることで，自分の心理過程を操作することが可能になることを示した。ヴィゴツキーが記号として想起した代表的なものが，対話で使用される言語である。すなわち対話において教師や子どもの表出する言語は，科学概念構築といった**高次精神機能** (higher mental functions) に重要な役割をもつ記号となるのである。

　また，ヴィゴツキーが重視した概念に**道具**がある。道具は，人が歴史的営為の中で獲得してきた人工物 (artifacts) と考えられるが，その形や働き，意味は，社会的・歴史的変化によって変容し，人間の活動や思考に影響を与えている。道具には，外的活動の手段としての技術的な道具と，他者とのコミュニケーションや自己の思考過程を制御する内的活動の手段としての言語や記号等の心理的道具がある。道具の使用で，人の思考様式や思考過程も変化していく。つまり，人間の思考は，言語や記号を媒介にした営みであり，その営みは文化に大きく制約 (constraints) されているのである。このように，ヴィゴツキーは，対象との**相互作用** (interaction) は，道具を媒介に行われていくという道具による**被媒介性**を提起した (ヴィゴツキー,1987)。コールは，その考えを図 2.1 の基礎的媒介三角形として示した (コール,2002)。また，図 2.1 を授業での他者と行われる対話に当てはめて考えると，図 2.2 のようになる。

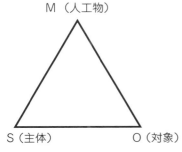

図 2.1　基礎的媒介三角形

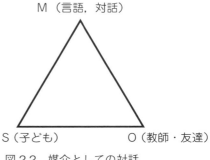

図 2.2　媒介としての対話

S (主体) は子ども，O (対象) は教師や友達，M (人工物) が対話における言語となる。この時子どもは，言語の表出である対話を媒介として教師や友達と授業をつくっていくことになる。ゆえに，子どもが理科授業で実験の予想，結果，考察について他者と話し合う時，対話を媒介として自律的，協働的な学習の成立を期待できるのである。

　さらに，ヴィゴツキーの理論の一つに，**発達の最近接領域** (以下，ZPD:Zone of Proximal Development) がある。それは，「自主的に解決される問題によって規定される子どもの現下の発達水準と，大人に指導されたり，自分よりも知的な仲間との協働の中で解決される問題によって規定される可能的発達水準との間の隔たり」のことである (ヴィゴツキー .L.S.,2003) 。図 2.3 は，ZPD の構造である。

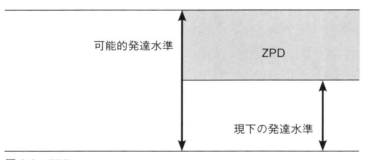

図 2.3　ZPD

　授業という状況を考慮すると，ZPD は他者との対話により形成され，子どもの現時点での発達水準を引き上げると共に学級全体の潜在的かつ可能的な発達水準を拡張することである。子どもは，教師から一方向的に教授される存在ではなく，他者との相互作用を通して自律的に ZPD を形成していく学び手となるのである。この際，子どもは，自己の考えていることを言語 (他にも絵，**イメージ**等) によって外化することが重要となる。言い換えると，子どもは，自己の考えを言語等で表現するところから学習が始まると考えてもよい。そして，対話において他者のそれと比較することにより自己の考えに修正を加え，科学的概念の再構築を果たしていくことになる。

ZPD から考えると，子ども が考えたことを自己の内に留め ておくことは，自主的に解決さ れる問題によって規定される子 どもの現下の発達水準を引き上 げることにはならない。他者に 対して自らの考えを表現するこ とにより，教師や友達との協働

イメージ

ペイビオ (Paivio,A.) は，二重符号化理論と呼ばれる 考えを提唱した。それは，人が，その認知過程において， 言語システムと非言語システムという二つの認知システ ムをもち，その中でイメージが，言語システム内におけ る言語的コード (命題表現) と非言語システム内にお ける非言語的コード (描画表現) と呼ばれる二つのコー ドによって記憶されているという考えである。

の中で解決される問題によって規定される可能的発達水準との間の隔たりを埋め ることが可能となるのである。

2 対話により現れるアクティブに理科を 学習する子ども

2.1 ZPD から見た学びの姿

ZPD に関連して，教室内で見られる発話の形態から三つの主な活動を当ては めてみた。図 2.4 は，先述した図 2.3 を三つのブロック，すなわち教室内で見ら れる三つの活動に分割したものである。

三つのブロックとは，(1)主に教師の教示的な独話，(2)主に子どもの自己内対話，(3)主に他者との対話である。

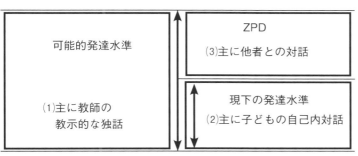

図 2.4　ZPD の示す学びの姿

次に，それぞれのブロックを理科授業での具体的な場面から説明を加えていく。

(1)のブロックでは，教師が設定する目標が可能的発達水準となる。ゆえに，この活動の多くは科学言語を提示する場面等で見られることになる。例えば，図2.5（霜田他，2015a）に示すように小学校5年「もののとけ方」において「ろ過」という科学言語は，子どもから発表されることは稀である。また，科学言語である「ろ過」という言語自体を考え出せる子どもは皆無であろう。このとき教師は，子どもに身に付けさせたい目標として「ろ過」の方法を設定している。

すなわち，子どもの可能的発達水準として「ろ過」という科学言語の意味を習得させたいと考えているのである。当然のことながら，「ろ過」という言語については，教示的に指導する必要が出てくる。子どもの探究的な活動を重視する理科においては，授業の中での発話比率は少なくなると考えられるが，理科の教授・学習活動という視点からみると重要な活動と考え

図2.5　小学校5年「もののとけ方」

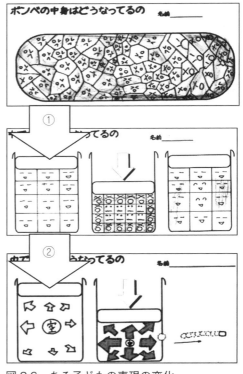

図2.6　ある子どもの表現の変化

られる。第1のブロック
は，近年，市川らが提唱
する「教えて考えさせる
授業」（市川・植坂,2016）
における「教師の説明」
に該当するものである。

⑵のブロックでは，子
ども自身が自己の考えを
自分と対話することで修
正していく活動に見られ
る。授業の導入段階にお
いて本時の問題を設定す
る際，子どもは自己の既
有の科学概念を基に，予
想や仮説を設定すること
になる。また，実験結果

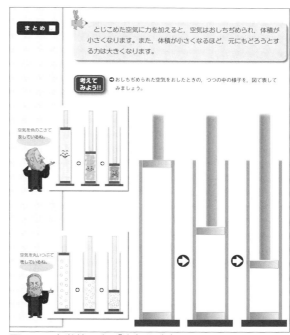

図2.7　小学校4年「空気と水」

に基づいて考察を行う際も自己の予想や仮説との対話が必要となる。

　この視点から考えると，対話は他者との対話の他，自己の既有概念との対話で
ある自己内対話も考慮した議論を行うことが必要となる。図2.6は，小学校4年
「空気と水」での子どもの描画表現の変化である。1時間の授業の間に随分と子
どものイメージが変容していることが確認できる。この子どもは，教室内での対
話には，ほとんど参加しなかったが，ポートフォリオの中に自己の考えを修正し
ながら表現することができている。すなわちポートフォリオを通して自己内対話
を実行しているのである。子どもなりに自己の学びをメタ認知しながら学習を進
めている姿が確認できる。この子どもの受けた授業については，⑶のブロックで
の実践において詳しく説明していくが，このイメージの変容に対して学級での対
話が大きく影響していることは容易に想起できる。

(3)のブロックでは，教師がZPDを意識した授業を行う為，教師と子ども，子どもと子ども間における活発な対話が見られることになる。本章の主旨から考えると，このブロックにおける学びの姿が重要となる為，紙面を割いて詳しく説明していくことにする。

　表2.1は図2.7（霜田他，2015b）に示した小学校4年「空気と水」の同授業での実験結果に対する考察場面の対話である。

表2.1　理科授業での対話の様子①

①教　　師：この粒で表してるんだけど，Aさんとってもマメなことしてたの，何したんだと思う。
②子どもA：全部数揃えた。
③教　　師：何の数。
④子どもA：丸。
⑤教　　師：どこ，どこ揃えたの。教えて。
⑥子どもA：えっと，ここの丸。
⑦教　　師：丸がぁ，一番最初と。
⑧子どもA：次のやつと，最後のやつ。
⑨教　　師：なるほど，粒の数をなぜ揃えたの。
⑩子どもA：えっと，粒揃えたら縮めてもわかるから。

図2.8　A児の表現

⑪教　　師：縮めてもわかるから。
⑫子どもA：あと，縮めたとき数がぐちゃぐちゃだと分かりにくい。
⑬教　　師：縮めた時，数がぐちゃぐちゃ，揃ってないとわかりにくい。へぇ，それで揃えてみたんだ。揃えると何が分かりやすいの。
⑭子どもA：えっと，数が揃ってると，圧縮した時に何個か空気がわかる。
⑮教　　師：なるほど，圧縮した時もちゃんと空気がそろってるってことね。OK，分かった，サンキュー。

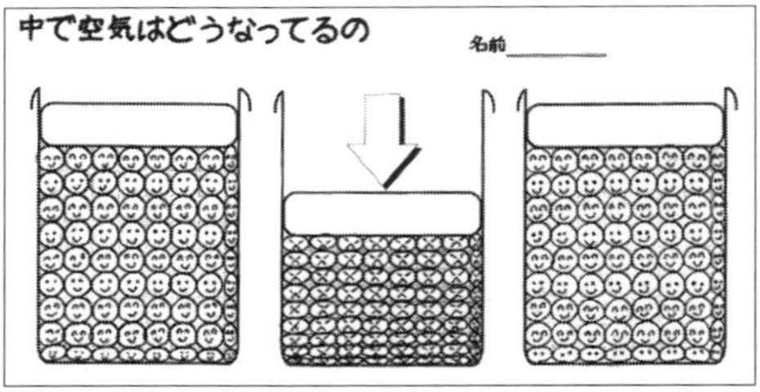

　教師は子どもが実験を行った後に結果や考察を記録するように促した。そして，子どもが記録中に机間巡視し，その後全体化すべくA児の考えを選択した。このように表2.1の発話にみられるA児の考えは，教師がZPDを形成し学習活動を調整する為に採り上げられたものである。大部分の子どもは，前時において(2)のブロックで提示した図2.6(上)にあるような絵を残している。酸素ボンベの中にボンベの体積以上の空気が圧縮して封入されている様子を，子どもなりに擬人化し，苦しそうな顔をする空気というイメージで表現している。

　多くの子どもが，空気は圧縮される，また，目に見えないが，体積がある物質と把握していた。このような表現を記録した後に，図 2.7 にあるような空気の体積を変化させることができる硬い筒の中で空気を圧す実験を行った。実験後，子どもたちは，図 2.6（中）にあるような絵をかき，自己の考えを表現した。図 2.6（中）を説明すると，空気が筒の中で整然と並び，充満した様子が描かれている。また，圧し縮めた際に，空気を擬人化し，苦しそうな顔をするというイメージは，本時においても把持されていることが確認できる。ただ，空気が圧し縮められた後，元に戻ることは示すことができているが，圧し縮める前と圧し縮めた時では，空気の数自体が変化している。この子どもの考えは，空気の弾性について表現できているが，粒子の数が変わらないという考えには至っていないことが確認できる。そこで，教師は，表 2.1 の対話にある子どもの表現・図 2.8 を採り上げた。A 児の表現では，空気を粒子化し，しかも圧し縮める前と後では，空気の数が変化しないようにかかれている。

　教師は，発話①において学級の子どもの表現から，A 児の表現を選択し，全体化した。この選択場面では，教師は複数の子どもの表現から A 児の表現を選択したと考えられる。そして，発話③「何の数。」，発話⑨「粒の数をなぜ揃えたの。」，発話⑬「揃えるとなにが分かりやすいの。」，発話⑮「圧縮した時もちゃんと空気がそろってるってことね。」と，実験前・中・後の空気の数に変化がなく，空気自身が縮まることに注目させる発話行為をしている。また，発話⑦「丸がぁ」，発話⑪「縮めてもわかるから」の復唱（revoicing）行為や，発話⑨「なるほど」の同意，発話⑮「OK，分かった，サンキュー。」の賞賛に関する発話のすべてが，子どもを尊重，肯定し対話に安心して参加できる状況を創り出している。教師は，この場面において閉ざされた系での現象であることを粒子の数から認識させる為に，子どもとの対話を通して ZPD を形成している。

　表 2.2 は，ZPD を形成する為の発話としての教師の価値づけ（valuing）行為が表れている対話である。本時の教師のねらいである空気は圧し縮めると圧し縮めた方向のみならず，すべての方向に力が加わることに目を向けさせる為に ZPD を形成した場面となる。

表 2.2　理科授業での対話の様子②

⑰教　師：ちょっと，かなり面白かったのがこれなので，皆さんに紹介します。ちょっと前に出てきてくれると嬉しいな。（子どもがテレビの前に集まる）
⑱教　師：これさ，まんぱんなってるのは，君たちと一緒でさ，このまんぱんが，丸の形が特徴的なのわかる。
⑲子ども：うん，楕円形。
⑳教　師：楕円形なってるね。
㉑子ども：したに下がってる。
㉒教　師：しかも楕円形になってて。
㉓子ども：立体的。
㉔教　師：立体的になってるね。
㉕子ども：3D。
㉖教　師：3D みたいだね。全部丸くなってるね。と，いうことは，もう一回こっちきた時に，C さんの考えだとギューってやった時に，痛いよ痛いよ出たいよってなってるんだよね。この子達は，上からギューってやられて，上の方向だけ的に苦しいの。
㉗子ども：全部（苦しい）。上から圧されて。
㉘教　師：全部（苦しい）。
㉙子ども：下にも誰かがいる。
㉚教　師：上と下だけが苦しい。横からも苦しい。
㉛子ども：斜めからも苦しい。
㉜教　師：上も苦しい，それとも横も斜めも苦しい。こいつら的には。一人的に苦しい。上下に苦しいから。それとも上下左右全部に苦しいから。
㉝子ども：上下左右全体（に苦しい）。

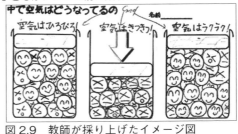

図 2.9　教師が採り上げたイメージ図

　教師は，発話⑰「ちょっと，かなり面白かったのがこれなので，皆さんに紹介します。」において，学級の子どもの表現から，図 2.9 の表現を選択した。そして，発話⑱「丸の形が特徴的なのわかる」，発話㉖「上からギューってやられて，上の方向だけ的に苦しいの」，発話㉚「上と下だけが苦しい。横からも苦しい。」，発話㉜「一人的に苦しい。上下に苦しい〜，上下左右全部に苦しい」と，上下方向の力だけではなく，すべての方向に力が働いているのではないかという視点がもてるように対話をコーディネート（coordinate）している。また，発話⑰「かなり面白かったのがこれ」という子どもの表現への賞賛や，発話⑳「楕円形なってるね」，発話㉔「立体的になってるね」，発話㉖「3D みたいだね」，発話㉘「全部」の復唱行為は，子どもを尊重，肯定することで対話に安心して参加できる状況を創っている。

　この場面において教師は，空気は圧し縮めると圧し縮めた方向のみならず，す

べての方向に力が加わることに目を向けさせる為に ZPD を形成する場を設定した。

　表 2.2 において，教師が子どもの発話を復唱する場面が見られる。教師の復唱行為は，子どもの考えを否定することなく尊重し，肯定していると捉えられ，後に続く発話への動機づけとして機能している。発話⑳「楕円形になってるね。」にあるように子どもの発話を言い換えたり，繰り返したりする復唱行為は，熟練していくにつれ見られる教師発話である。子どもの考えを中心に学習を進めようとする教師の教授意図が読み取れる。また，発話㉜の「上下左右全部に苦しい」という教師発話は，教師が，学習の流れをアセスメントした結果，この場面でのまとめを行う為に行われた発話である。

表 2.3　理科授業での対話の様子③

| ㉞教　　　　師：OK。B さんは何でこっちにおいたの。 |
| ㉟子ども B：なぜかというと，何かと言えば，みんなと同じ様に，上からぎゅっと圧されると，粘土，空気を粘土に例えると，縦長の粘土を上から圧すと横に潰れる。潰れますよね。これと同じことです。これと同じことです。細長い粘土でタワーを作って，上からぎゅって圧すと横に潰れますよね。それと同じことです。 |
| ㊱教　　　　師：なるほど。 |
| ㊲子ども B：空気も粘土と似たようなものですね。 |
| ㊳全　　　　員：あ，はは…。 |
| ㊴教　　　　師：形が変わるってことだ。 |
| ㊵子ども B：はい，形が変わるっていうか，圧されると縦だけスペースが無くなるって思う人もいるけど，横があるからここをいこうとするから，それ以上いかれると横も苦しくなる。これで，すべてから圧されると，俺は確信しました。 |
| ㊶全　　　　員：わ，はは…。 |

　表 2.3 は，実験結果に対して考察を発表している場面の対話である。B 児は，発話㉟において「何かと言えばみんなと同じ様に，上からぎゅっと圧されると，粘土，空気を粘土に例えると，縦長の粘土を上から圧すと横に潰れる。潰れますよね。これと同じことです。これと同じことです。細長い粘土でタワーを作って，上からぎゅって圧すと横に潰れますよね。それと同じことです。」と発表する中で，空気の**メタファー**として粘土（下線）を採り上げ説明している。このように，理科授業において対話の主人公が子どもであり，子ども自らの考えで授業が進むことが望ましいのは，どの教師も見解が一致するところであろう。

第2章　授業における対話を通して見える子どものアクティブな学習

49

また，この発言を行った子どもは，「これと同じことです」，「これと同じことです」，「それと同じことです」と，3回「同じことです」を繰り返すことで，自己の考えへの強い自信をもつと共に，他者への承認欲求の強さも感じさせる発言を行っている。発話㊲の「空気も粘土と似たようなものですね」のように，発話㉟の内容を復唱し，拘りをもって自分の考えを発表していることが，さらに子どもの自信を裏づけてい

メタファー

例えば，小学校3年「明かりをつけよう」において電気回路を学習する際に，電流や電池という未知の対象を，水の流れやポンプという既知の対象のもので喩える表現をみることができる。このような喩えのことをメタファー (metaphor) とよぶ。

る。発話㊵「はい，形が変わるっていうか，押されると縦だけスペースが無くなるって思う人もいるけど，横があるからここをいこうとするから，それ以上いかれると横も苦しくなる。これで，すべてから押されると，俺は確信しました。」では，「形が変わるっていうか，押されると縦だけスペースが無くなるって思う人もいるけど」と，他者の考えに対しても配慮しながら発話を進め，「横があるからここをいこうとするから，それ以上いかれると横も苦しくなる」と，空気の圧し返す力が上下だけではなく横にも働くという視点を他者に広げる発話を行っている。

　この対話のように自己の考えを教室内の対話の中でアクティブに表現し，自己への肯定感を感じられる子どもが多ければ多いほど，教師が望むであろう子どもの自律した学習が成立しているといえる。ここでの教師発話は多くはないが，重要な役割を示している。例えば，発話㉞「OK。Bさんは何でこっちにおいたの。」，㊱「なるほど。」に共通しているのは，「OK」「なるほど」という，子どもへの価値づけ発話が見られることである。このように教師の評価活動が多い学級で生活する子どもは，自らの考えについて自信をもって授業に参加する姿勢が身についていく。

　表2.4は，本時のまとめを行う対話場面である。教師は，授業で見つけた空気は圧し縮めると圧し縮めた方向のみならず，すべての方向に力が加わるという考えを共有化する為に，発話㊷「玉が横に飛んだということは，横だけに力がかかったってこと」と，再度，この授業で教師が可能的発達水準として考えていた言語

表 2.4　理科授業での対話の様子④

㊷教　師：	ごめん，書いてる途中でいい。最後に，確認だけしたいんだ。玉が横に飛んだということは，ちょっと鉛筆置いて。ごめんね。玉が横に飛んだということは，横だけに力がかかったってこと。
㊸子ども：	いや，違う。全部。
㊹子ども：	空気が，空気を圧してるのかな。
㊺教　師：	空気が圧してる。
㊻子ども：	空気が，早く出たい，って。
㊼教　師：	空気が早く出たいって言って。
㊽子ども：	並んでる時とかに，よく押してる人とかいるけど。
㊾教　師：	あぁ，いるね。
㊿子ども：	空気同士で。
(51)教　師：	空気同士で圧しあったりして，じゃあ，たまたま横だけだった。これが違うとこに空いてたら，そっちもいっちゃう。
(52)子ども：	うん。
(53)教　師：	ふぅん。じゃあ，つまり，これは，壁。全部，壁っていうの。壁全体が，壁全体に空気があたってるってこと。
(54)子ども：	そういうこと。

である「横」を選択し発話している。その後，発話㊺「空気が圧してる」，発話㊼「空気が早く出たいって言って」，発話㊾「あぁ，いるね」，発話(51)「空気同士で」と，復唱することで子どもの発話を肯定，尊重している。また，発話(51)「これが違うとこに空いてたら，そっちもいっちゃう」と，本時において行った教師実験を想起させる内容を選択し，子どもに投げ掛けている。さらに，発話(53)「じゃあ，つまり，これは，壁。全部，壁っていうの。壁全体が，壁全体に空気があたってるってこと」と，本時のまとめとなる発話行為を行った。

図 2.6（下）は，本時のまとめ段階で子どもが残した絵である。この子どもが残した一連のイメージである図 2.6 に示されるように，本時での対話的な理科授業に参加したことにより，子ども自身の空気に対するイメージが変容していることが確認できる。当初，空気に対して粒子的な考えをもっていなかった子どもが，図 2.6（下）では，筒の中に一つの粒をかくことで空気を表している。圧す前も圧した後も，空気が壁を圧している様子が読み取れる。また，圧した後，空気が圧縮される様子も確認できる。しかも，矢印の向きにより，すべての方向に力が

加わっていること，また，圧すと空気の圧し返す力も大きくなることを矢印の太さで表すことができている。教室での対話を確認した結果，この子どもは，授業中に発話の無かった児童であった。このように，直接的に発話を行い表現しない子どもでも，教室内で交わされる対話の中に参加することにより，自己の考えをアセスメントしつつ空気のイメージを修正していったことが，図2.6にあるイメージの表現により確認できた。また，図 2.6 にある子どものイメージは，表 2.4 にある教師によるまとめの発話を反映していることが確認できる図となっている。

　表 2.1 ～ 2.4 は，教師が授業内で教師と子ども，子どもと子ども間の対話をコーディネートすることで ZPD を形成している。本項では，ZPD において三つのブロックを措定することで，理科授業における教師，子どもの発話がもたらす学びについて説明してきた。(1)～(3)のブロックでの発話に関する活動は，いずれも授業の重要な学びの姿であり，当然のことながら相互連関，相互補完的に理科での学びを構成している。

　教室内での対話は，教師と子ども，子どもと子ども間において見られる相互作用である。近年，理科教育研究においても対話研究を中心に「今 - ここ」で行われている現象について解釈する研究が盛んになってきている。

❸ 対話を通して子どもとの学習を成立させるために ▬▬

❸.1 対話的な学習を促進する教師の足場づくり

　先述したように ZPD は，教師や子どもの相互作用である対話を介して成立する。ZPD について宮崎は，「教育の仕事とは，発達の最近接領域を作り出すことであり，それによって発達がおこるようになる」（宮崎，2009）と，教育と発達の関係を ZPD の形成から述べている。また，佐藤は，「単純な大人からの一方的な教え込み＝知識伝達では ZPD が形成されることはないし，発達が実現していくこともない」（佐藤，1999）と教師主導のみの教授・学習活動に警鐘を鳴らし，ZPD を形成する学びの場における教師や子どもの相互作用に着目した。

　学校現場では，学び合いということばで語られることが多い相互作用であるが，その内実は，子どもと子どもの間での話し合い活動を中心にした授業展開を想定していることが多い。教師が，できる限り援助しない授業の成立である。授業における教師の援助を考える際，教師の介入が問題となってくる。言い換えれば，子どもの現下の発達水準を可能的発達水準に引き上げる為に関与する教師の介入である。

　教師の介入については，諸々の考えが存在する。学校現場では，「教師が，できる限り口を挟まない授業が，よい授業である。」，「子どもの発言の多い授業が，よい授業である。」，「子どもの発表のみで展開される授業が，よい授業である。」等，これらのことばを文字通り受け止めてしまうと，教師の介入という行為自体に消極的になってしまうことが考えられる。

　このような考えに対しダーリング - ハモンド ,L. は，教師として求められる技術に「必要に応じて，介入したり，流れを変えたり，指導方法を変えたりできること」(ダーリング - ハモンド ,L.,2009) を挙げ，教師の介入に対して消極的ではない見解を示した。

　教師の介入や援助について，近年，足場，足場組み，足場がけ，足場づくりということばで説明することが増えてきた。足場づくりは，ウッドらが，幼児を対象とした積み木課題の研究を通して，ZPD を手がかりとし他者との相互作用によって上位概念への到達を促す機能として考案した概念 (Wood, Bruner, & Ross,1976) である。表 2.5 は，ウッドらが，足場づくりについて分析し，その機能について抽出したものである。

表 2.5　ウッドら (1976) の足場づくりの機能

❶興味喚起 (Recruitment)：学習問題に対する子どもの興味を喚起する。

❷自由度の縮小 (Reduction in degrees of freedom)：子どもが問題解決に必要とされるプロセスに対して見通しや目的意識をもてるようにするために，問題を単純化し，問題解決に至る段階を少なくする。

❸指示の調整 (Direction maintenance)：動機づけや学習活動の方向づけをすることにより，学習目標到達への子どもの追究意欲を維持する。

❹明確化 (Making critical features)：子どもによる問題解決内容と望ましい到達点とのズレを常に明確化する。

❺気持ちのコントロール (Frustration control)：子どもが問題解決をする際の気持ちをコントロールする。

❻デモンストレーション (Demonstration)：子どもに問題解決の進行と共にその時点での望ましい到達点を示す。

　ウッドらは，子どもが，問題解決的な活動に参加する際に，大人が子どもに対して援助を提供する機能的役割についてのメタファーとして足場づくりを使用した。

　しかし，ただ大人が子どもに対して援助を提供するだけでなく，ウッドらの積み木課題実験での足場づくりでは，順を追って達成できる問題において，子どもがそれを一人で解決できる場合には，その援助を控えるという構図になっている。この構図を受け，Valsiner & Van der Veer は，足場づくりを「根本的に学習状況の遅れを教師が援助することで，新しい概念の構築促進に寄与する構図ではない」(Valsiner & Van der Veer,1992) と示した。Valsiner らの考えに依拠し授業を構成すると，理科において子どもが新しい科学概念を構築していく際には，教師の積極的な介入はなく，子どもが問題解決につまずいた時だけに，教師が介入する役割を担うことになる。

　理科教育研究における足場づくりの役割を見てみると，Valsiner らの構図とは違い，新しい科学概念構築に寄与するものとして捉えられているものが多い。

　例えば，森本は，「『足場づくり』を子どもの学習において適切に機能させるための基本は，動機づけといえる。」(森本,2009) と示し，子どもを動機づける存在としての「有能な他者」＝教師の足場づくりを重視した。森本の考えは，理科授業における教師の教育技術である足場づくりや動機づけを強調している点におい

て，教師の介入には，消極的とは言えない立場である。

　教師の足場づくりについては，多くの考えがあり，消極的な立場と積極的な立場が存在する。もし，現場において熟練教師が，初任教師に対し「教師が，できる限り口を挟まない授業が，よい授業である。」と，適時的な介入の重要性を説明せずに指導したならば，初任教師は授業において適切な介入の機会を逸してしまうこともあると考えられる。

　外山（外山，2008）は，1〜3歳児とその母親44組の食事場面の観察から，母子の相互交渉について発話評定に基づくエピソード分析を行った。結果として，食事という母親と子どもの相互交渉は，子どもの食欲の有無により違いがあり，子どもが食物を咀嚼していない際には，母親は，子どもの発話に応答せず，食事を摂るように注意をすることが多くなり，また，咀嚼している際には，子どもの前に食物やフォーク等の食具を配置し，子どもが自由に食事する環境を整えるようになることを明らかにした。

　さらに，子どもの年齢が進み，食具を使え言語の活用ができるようになると，母親は，子どもへの関わりを変化させ，子ども自身でできる活動の範囲を調整するのである。すなわち，子どもの状況に応じて，母親は働きかけを変化させていくのである。この母親の動きは，はじめは子どもができる範囲にあわせて活動を調整し，少しずつ母親と同じ活動が行えるように課題を引き上げていくという足場づくりの過程を含んでいる。すなわち，母親は，ヴィゴツキーのいう自主的に解決される問題によって規定される子どもの現下の発達水準と，大人である母親が関わることで解決される問題によって規定される可能的発達水準との間の隔たりを調整しながら子どもの食事場面での問題を解決しているのである。

　これは，授業という文脈の変化に即応し，子どもの活動に足場づくりをしながら問題解決を図る為に介入する教師の姿と同じである。教師は，家庭での母親のように子どもの目の前にある問題解決の活動に介入する役割を担うのである。

　また，Tabakは，コンピュータや大人，友達等の分散した知が関わり合うことで，子どもに対して足場づくりを構成するとして，その機能を分散化した足場づくり（distributed scaffolding）と呼んだ（Tabak,2004）。従来，大人のみが形成すると

考えられていた足場づくりにおいて，その構成主体を他者や教育環境にまで拡張したものである。これは，本章にある教師と子ども，子どもと子ども間で行われる対話の中にこそ，足場づくりの構成をみることができる可能性を示している。

　さらに，理科教育の分野では，森本らが，ZPD における学習の跳躍のための足場づくりの分析を行った。「従前の子どもの学習の到達の度合を評価することから，彼らのもつ認識・価値観，そして，そこまでに至ったプロセスの価値づけ，さらには，子ども一人ひとりの学習成果に対する固有の意味の見いだし，すなわち「価値づけ」という意味での「評価」を行い，その結果から適切な支援，すなわち，「発達の最近接領域」における学習の跳躍」（森本ら,1998a）を図る教師の役割，評価を重視した。これは，授業を成立させる上で，教師の行う支援の中心が足場づくりであることを明確にしている。すなわち，教師は，子どもとの相互作用によって上位概念への到達を促す為に，足場づくりとして「子どもの意見の価値づけや意味づけ，表現の多様性の保証，確認や言い替え，板書という行為」（森本ら,1998b）を行うのである。これは，教師が日々行う教授行動に他ならず，授業において，それらの教授行動をコーディネートする重要性を訴えている。これらの先行研究より，教師の役割とは，授業において外山論文の母親のように「介入」し，森本がいう「評価」を通して，Tabak の「分散した知」を結び付けていくことと考えられる。

　足場づくりが連続して生成される対話例をあげる。表 2.6 は，小学校 5 年「もののとけ方」の「溶け残った食塩を溶かすには，どうしたらいいだろう。」（水の温度との関係から：図 2.10）の結果・考察場面の対話の一部である。

　教師は，まず実験終了後に確認する結果という問題解決過程の方向性を指し示す発話①を行っている。それに対して，②児が，「溶けなかった。」と学級全体で共有化された結果を発表している。②児の「溶けなかった。」という発話を受け，教師は，食塩を温めても溶け残りができるという事実を次の考察場面で生かそうと，発話③では，二度「温めても溶け残ったこと」を復唱している。これは，結果に対する考察を求めている。

表 2.6　足場づくりが見られる対話　　　　　　　　（●数字は，表 2.5 の機能を表す。）

図 2.10　５学年「もののとけ方」（霜田他，2015c）

①教　師：実験をしてみてどうなったのかを確認してほしいと思います。まず，結果はどうだった。❸
②子ども：溶けなかった。
③教　師：溶け残りが出た。温めても溶け残ったことから，こんなこと考えたよっていう人。温めて溶け残ったことで，何か気付いたことってありますか。じゃあ，④さん。❸
④子ども：最初に使っている塩と水を，もう一度使っているから，最初から限度の量を入れて温めているから，温めても水に溶ける塩の量の限度は変わらない。
⑤教　師：他には。④さんに付け足しでもいいよ。はい，じゃあ⑥さん。
⑥子ども：ちょっと④さんに似ているんですけど，食塩水になった物が水の粒に塩の粒がくっついているんだけど，残った塩は温めたとしても水の塊の中に新しく入れない。
⑦教　師：なるほどね。④さんの考えを詳しく言ってくれた感じだね。先生ね，他にもこの人の考えが面白いと思ったんだ。はい，⑧さん。絵も面白いから，ちょっと見ててね。❻
⑧子ども：温度を高くしても限度はあると思います。物には入りきる量があって，例えば，タンスに洋服やズボンを入れても入りきる量が限られているのと同じ感じ。
⑨教　師：⑧さんの言ってることわかる。
⑩子ども：単純。
⑪子ども：分かりやすい
⑫教　師：なるほど。分かりやすいよね。溶け残った最初の状態はタンスの中に洋服は。
⑬子ども：ない
⑭教　師：ないの。空っぽ。
⑮子ども：えっ，ぎゅうぎゅう詰めじゃないの。
⑯教　師：あ，ぎゅうぎゅう詰め，どっち。
⑰子ども：あ，その最初。全然何もやってない時かと思った。
⑱教　師：あ，全然何もやってない時には，何もない。空っぽってこと。水の状態でしょ。
⑲子ども：そう，それで服を入れていくんだから，だんだんタンスが一杯になってきて…。最終的に溶け残ったら，もうタンスには，入れられないってことだ。

すなわち，望ましい到達点へと学習を進める教師の足場づくりとなっているのである。さらに，教師の次の発表を促す「他には。④さんに付け足しでもいいよ。」という発話により，溶解現象を水の粒と塩の粒の結合において説明し，溶解限度についても補説するように「残った塩は温めたとしても，水の塊の中に新しく入れない。」という発話も引き出している。この時の教師の発話は，④児の量関係の発話に対して，粒子概念の萌芽ともいえる「粒」概念を引き出している。

　そして，この場面において，この二つの発話を統合すべく教師が机間巡視によって見つけ出していた⑧児へのアプローチを発話⑦「他にもこの人の考えが面白いと思ったんだ。はい，⑧さん，絵も面白いから，ちょっと見てね。」という発話において実行している。⑧児は，「温度を高くしても限度はある。」という温度との関係に言及し，「物には入りきる量があって，例えば，タンスに洋服やズボンを入れても，入りきる量が限られているのと同じ感じ。」（図2.11）と，絵・ことばにおいて，食塩の物性について詳しく説明している。

　この発話は，⑥児の「残った塩はあっためたとしても水の塊の中に新しく入れない」という発話を，さらにモデルとして視覚化し，考えを補強する働きをしている。僅か8ターンの教師と子どものやりとりが，ここでの溶解限度概念構築の話し合いを進めている。この教師が行った①・③・⑦の足場づくり発話が，子どもを価値づけ・意味づけし，子どもの考えを結び付けながら学習を進めているのは明らかである。

　足場づくりは，教師が用意し，想定された発話によって生成されるばかりではない。むしろ，表2.6に挙げた対話（①〜⑲）のように，子どもの科学的な見方や考え方を把握し，教師がハブ（hub）の役割（ソーヤー, R.K., 2009）を果たしつつ，即時的に生成することの方が多い。授業において，実験器具

図2.11　⑧児の描画

や記録用のワークシート等，子どもの思考の助けとなる教材・教具の準備を含めると，教師が想定しなければならない足場は極めて多いと考えられる。

　表 2.6 にあるように，対話的な理科授業における科学概念構築は，教師と子どもによる協働的な活動によって成立する。その為，問題解決的な活動は，教師と子ども，子どもと子ども間の相互作用，すなわち，対話を媒介にした活動ということになる。ここでの教師の役割は，足場づくりとなるべく想定された発話の準備者ではない。外山の母親の例や表 2.6 の教師発話⑦のように，子どもの活動状況を把握しつつ，ハブの役割を果たしながら，即時的に足場づくりとなる発話を生成するチューター（tutor）となる。言い換えれば，授業に介入し子どもへの足場づくりを通して，子どもの分散化した考えを結び付けていくことが，教師の役割となる。ここには，先述したブロック（1）の教師主導的，また，ブロック（2）の子ども中心的な位置の教師像は見えてこない。

　そもそも足場づくりは，ZPD を形成するために，他者との相互作用によって上位概念への到達を促す機能として考案された考えである。教師は，どの授業においても，ZPD がどこにあるのかを判断し，その状況，その時に最良の教育を与える為に，足場づくりを行っていると考えられる。表 2.6 から ZPD 形成の例をあげると，表 2.6 における⑦の発話となる。教師が溶解限度における考えとして，タンスを用いた⑧児の考えを全体の場で採り上げることによって，④児の「最初から限度の量を入れて温めているから，温めても水に溶ける塩の量の限度は変わらない。」という発話を学級全体に理解できるように調整している。子どもに任せて④児の発話で授業を留めるのではなく（すなわち現下の発達水準に留めるのではなく），教師が関与することで，⑱児の「そう，それで服を入れていくんだから，だんだんタンスが一杯になってきて，最終的に溶け残ったら，もうタンスには，入れられないってことだ。」という溶解限度についての発話（すなわち可能的発達水準としての発話）を引き出したのである。これは，両水準の間の領域を⑧児の考えを全体の場で採り上げることによって拡張したことになる。⑦の教師発話は，明らかに ZPD 形成を図る発話行為となっている。

3.2 対話的な学習を促進する教授行動

理科授業において対話は，子どもと教師の相互作用として展開していく。その中で教師が行う教授行為には，ある特徴があることが確認されてきている。表2.7は，教師が，科学的概念の構築を図る為に対話的な理科授業を組織する際に執る教授行動である。

表2.7　対話的な授業における教授行動 (Palincsar,S., 2003)

❶目立たせる (marking)	①子どもによる思考の表現において，特に大事と思われるところに子どもの注意を向けたり，強調したりする。
❷もどす (turning back)	②子どもに考えたり説明したりさせたいところに，もどしていく。
❸復唱する (revoicing)	③子どもが表現しようとしていることを解釈して言い換えたり，もう一度子どもの表現を繰り返したりして言う。
❹表現させる (modeling)	④子どもに考えを声に出して言わせたり，考えをうまくまとめられないところを言わせたりする。
❺付け加え (annotating)	⑤教師がテキストにはない考えを述べたり，適切と思われる情報を付け加えたりする。
❻まとめる (recapping)	⑥子どもの思考の表現を要約する。

表2.7から理科授業を見ていくと次のようになる。教師は，本時の目標に対話の中心を近づけるために，子どもの思考の表出から特に大事と思われるところに子どもの注意を向けたり，強調したりして，教師の意図するねらいに対して近づいていく発話を目立たせる (marking) ことをする。また，子どもが表現しようとしていることを解釈して言い換えたり，再度，子どもの表現を繰り返したりと，復唱することもしている。これらは，授業に参加する教師と子どもとの間で，表現が共有されるために必要な教授行動である。また，教師の意図するねらいから対話の中心が離れていく場合には，子どもに考えたり説明したりさせたいところに，対話をもどすこと (turning back) を行う。教師は，授業の目標を念頭に，常に子どもの発話内容との有言，無言のやり取りを行いながら，対話を修正していくのである。

また，授業において子どもの中に傍観者が出てくるのを防ぐために，授業中，彼らに考えを声に出して言わせたり，考えをうまくまとめられないところを言わ

せたりする表現（modeling）の場を多く採り入れていく。子どもの中には，記録用紙などに自分の思考表現を記録していても，発表として対話の中に参加することに躊躇する者も存在する。教師は，本時の目標に進むべく子どもの表現を机間巡視で把握しておき，対話の中に引き込むことを行っていく。このことにより，発言力のある子ども主体の授業から，学級全体の対話的な授業へと学習の質を転換させていくのである。

　さらに，子ども同士の対話において構成することのできない科学的な言語や法則に関しては，教師がテキストにはない考えを述べたり，適切と思われる情報を付け加え（annotating）たりすることで，より科学的な学習へと近づけることも必要となる。また，授業の中で，分散している子どもの考えの表現を要約することで，一つの考えとして明確にしたり，学習の終末に見つけ出した法則や理論としてまとめ（recapping）たりすることで，対話的な学習を通して，科学的概念の構築を図っていくのである。

　表2.8は，表2.1で掲載した小学校4年「空気や水」の授業ににおいて教師が行った発話に対して，表2.7にある六つの教授行動を分析枠（framework）として当てはめたものである。

表2.8　小学校第4学年「空気や水」の対話　　　　　　（●数字は，表2.7の教授行動）

対話	教授行動
⑲子ども：圧すと真ん中のちょっと上ぐらい	
⑳教　師：真ん中のちょっと上ぐらいまで？　どうなるの？	❸復唱する ❹表現させる
㉑子ども：えっと，いける。	
㉒教　師：いける。　いけるってどういうこと？　空気が？	❸復唱する ❹表現させる
㉓子ども：圧せる。	
㉔教　師：手で。なるほどねぇ。ちょっと上まで圧せると。圧せる。	❸復唱する
㉕子ども：えっと，真ん中までいったら，離したらひゅ～んってゆっくり戻ってくる。	
㉖教　師：あっなるほど。圧した後戻るってことね。	❺付け加える
㉗子ども：圧して離したら戻る。	
㉘教　師：圧した後，離すと戻る。	❸復唱する
㉙子ども：どんどん圧したらどんどん先にいって，離したら戻る。	
㉚教　師：あっなるほど。圧し続けたら圧し続けた分だけ最後までいくんだね？　なるほどねぇ。　最後までいって，離すと戻るんだ，やっぱり。	❶目立たせる ❸復唱する

この場面は，科学概念構築のための予想を立てる段階である為，何が問題であるかを焦点化するために教師は，子どもの発話を復唱する教授行動を多くとっている（⑳，㉒，㉔，㉘，㉚）。最初⑲の子どもは，「圧すと真ん中のちょっと上ぐらい。」と，空気でっぽうの筒内でのピストンの位置を予想として挙げていた。その発話が，教師による⑳「真ん中のちょっと上ぐらいまで？」という復唱する教授行動と，「どうなるの？」という表現させる教授行動により，㉑「いける。」㉓「圧せる。」という発話を経て，㉗の「圧して離したら戻る。」という弾性概念に基づく予想へと展開することができた。

　この過程において，教師の教授行動・復唱するは，子どもの次の発話を引き出すための価値づけと捉えることができる。同じことばの繰り返しにより，教師は，子どもに対して安心感を与え，教室内での発話に対してリズム感をもたせている。また，㉒，㉔の表現させる教授行動により，子どもの曖昧な表現を徐々に子どものことばにより変容させ，より科学的なことばへと対話的な授業を意図的に構成させる発話を行っていったことが確認できる。

　近年，このような分析を熟練教師に対して行い，その発話傾向を明らかにすることで，初任者等の実践的指導力向上に寄与する資料作成を行う研究も盛んになりつつある。

❸.3　対話的な理科学習の目指すところ

　図 2.4 のブロック(1)にあるような教師の教示的な授業，説明ばかりの授業によって教師が科学概念を子どもに与え続けたとしても，子どもの長期記憶に留まる科学概念は構築されない。先述したが，ブロック(1)〜(3)を授業の目標に沿ってバランスよく配置し実践するのが教師のコーディネートする力ということになる。しかし，その基本が対話的な授業であることはいうまでもない。ここでは，理科授業の目指すところとして，協働的に学習を進めることで意味を生成していく営為としての対話的な学習について説明を加えていく。

　対話についてロトマン（Lotman,Y.M.）の考えは，我々に更なる知見を与えてくれる。ロトマンは，テクスト（text：対話のような複数の文の連鎖からなる言

語表現）の機能を，話し手と聞き手の解釈（声）が完全に一致し，適切に伝わることを目指す単声（univocal）機能と，話し手と聞き手の間に起こる意味の不一致から，新たな解釈を見いだすという思考装置（thinking device）機能の二重構造から成り立っているとする**テクストの機能的二重性理論**を提起した（Lotman,Y.M., 1988）。

　詳述すると，単声機能とは，「話し手と聞き手のコードが完全に一致したときに，最もよく発揮される。その結果として，テクストは最大限の単声性を有するようになる。このような働きを見せる，典型的な装置は人工言語であり，人工言語の中のテクストである。画一化へと向かう力は，人工言語を生み出し，自己記述性へと向かう傾向はメタ言語的構造を作り出す。」という意味の適切な伝達としての機能である。ゆえに理科学習において教師が科学概念を教え込む教示的な学習は，ロトマンのいう単声的機能ばかりが働いていることになる。ロトマンは，「テクストの第二の機能は新しい意味を生成することにある。そうすると，テクストはただ単に入力（送り手）と出力（受け手）とをつなぐ，消極的なリンクではなくなる。〔単声性を中心に考える〕第一の場合，情報回路で生じる入力と出力の食い違いはただコミュニケーションのチャンネル不足とされ，情報システムの技術的欠陥に帰せられる。しかし第二の場合にはそのような食い違いは，「思考の装置」として，テクストの機能そのものとなる。第一の立場からは欠陥となるものが，第二の立場からは標準となる。そして，その逆ともいえる。」と，第二のテクストの機能，すなわち意味生成としてのテクストの重要性を述べた（Lotman,Y.M.,1988）。

　ロトマンのいう思考装置機能のことをワーチ（ワーチ,J.V.,2004）は，多数の話し手の声（voice）が響き合う対話の特性を表す**多声性**（multivoicedness）と関係づけ，対話機能（dialogic function）と呼んだ。また，それを，一人の話し手の声における独話（monolog）と対峙するものとして考えた。すなわち授業とは，教師の声と子どもの声が多声的に行き交う対話機能により理解が進んでいく過程と捉えられる。その一方で，単声性な学習，教師や子どもの独話による学習は，理解を推進し得ない，理科学習においては，科学概念構築を図るものにはならな

いと考えられるのである。例えば表2.3で示した子どもと教師の対話が，決して子どもや教師の独話で成立していないことは明白であり，周りの子どもたちの「あ，ははは…。」「わ，ははは…。」という温かい笑いから教室内の対話活動に学級全体で**参加**（participate）していることが推測できる。

また，バフチン（Bakhtin,M.M.）は，「理解とは，他のテクストたちとの相関と新しいコンテクスト（自分の，現代の，未来の）における意味づけの仕直しである。」（バフチン,M.M.,1988a）と，同じことばであっても，その**文脈**（context）によって，その意味の捉えや使用方法に違いが出てくるということを分析した結果，ことばの理解を，違う文脈で違う理解を示す送り手と受け手の間において，新しい意味を生成していく対話として考えることの重要性を述べた。

理科学習において，教師のことばを子どもがすべて受け入れるという場面は多く見られない。しかし，一連の学習過程の中では，子どもの未知の科学言語を教示したり，実験方法を確認したりすることは重要な教授行動である。この場合には，単声機能の対話が見られることになる。また，現時点での発達水準を引き上げ，潜在的かつ可能的な発達水準を広げていくというZPDから考えると，話し手（教師，他者，自己）と聞き手（教師，他者，自己）の間に起こる意味の不一致から，新たな解釈を見いだすという思考装置機能が発揮される対話，すなわち，バフチンのいう意味づけの仕直しとしての対話が，理科学習では重要となる。

また，バフチンは，人間の存在自体において具体的な他者が不可欠であることを**対話的自己**と表現した。バフチンは，独立した個というものは存在せず，常に二つ以上の意識が存在し，相互作用するところに人間があると考えた。すなわち，対話関係にある時だけに互いの意識が姿を現し，対話関係の中でしか周りの世界を語ることはできないのである。バフチンにとっては，発話は，先行する他者の発話への回答であり，また，次の他者への呼びかけとなるのである（バフチン,M.M.,1988b）。このバフチンの考えは，ヴィゴツキーの被媒介性に関連し，子どもの認識を形成していく為に，図2.2が示すように自己，他者の存在と対話の重要性を端的に表しているといえる。

教室内の対話は，先述したように教育現場では学び合いということばで認

知，実践されている。学び合いといった協調的な学習については，近年，学習科学の視点から多くの有益な研究がなされている。その一つにスカーダマリアが提唱した知識構築共同体の研究がある。知識構築共同体においては，子どもが他者と協調して知識構築 (knowledge building) を行うことが目指される (Scardamalia,M.,2002a)。

　スカーダマリアは，その研究の中で，知識構築を図る授業を創る決定因子として表 2.9 にある 12 の側面において説明した。対話の重要性は，知識構築を図る因子❶ 知識構築としての談話として挙げられている通りである。知識構築を理科学習で考えるならば，科学概念構築 (scientific concepts building) となる。知識構築の学習は，学校の教室においても真正の創造的な知識活動を行うことができるという考えに基づいている。すなわち，大人が行う成熟した知識活動の模

表 2.9　知識構築を図る授業を創る決定因子 (Scardamalia,M.,2002b)

❶	**本物のアイディアと本物の問題の表出 (Real Ideas, Authentic Problems)** 　知識の問題は世界を理解しようとする努力から生まれる。新しく生まれたり取り入れられたりしたアイディアは，触れたり感じたりできる物と同様に実在的なものである。教科書の問題やパズルとは異なり，問題は学習者が本当に関心をもっている問題である。
❷	**改善可能なアイディアの表出 (Improvable Idea)** 　すべてのアイディアは改善が可能なものとして扱われる。参加者はアイディアの質や一貫性，実用性の向上に絶えず努める。このような努力を成功させるには，人々が失敗を恐れず無知の暴露や未完成の概念の発表，互いの批評を行える，精神的に安全な場でなければならない。
❸	**アイディアの多様性の表出 (Idea Diversity)** 　生物の多様性が生態系の成功に必要不可欠であるのと同様に，アイディアの多様性は知識構築に必要不可欠である。アイディアを理解するということは，対照的な立場をとるアイディアを含む，その周囲のアイディアを理解することである。アイディアの多様性は新しいアイディアやさらに改良された形へと発展させる土台を創る。
❹	**アイディアの向上 (Rise Above)** 　創造的な知識構築活動には，さらに両立的な理念や高レベルの問題構築を目指すことが必要となる。これには多様性や複雑性，乱雑さに対応することが必要であり，そうすることで新しい知識の統合が可能となる。知識の理解を深めることで，学習者は些細なことや過度の簡略化の枠を超え，発展し続ける。
❺	**アイディアの認知を媒介するもの (Epistemic Agency)** 　参加者は自己のアイディアを説明し，他者に頼るのではなく，自ら自己のアイディアと他者のアイディアを関連づけ，相違点を通し知識向上の誘発・維持につなげる。参加者は，通常教師や管理者に委ねられているゴールや動機，評価，長期にわたる計画に取り組む。

❻	**共同体の知識とその構築における集団責任**
	（Community Knowledge, Collective Responsibility）
	組織で共有する高い目標への貢献は，個々の功績と同様に評価，表彰される。チームメンバーは，他者に有益なアイディアを提供し，共同体の総合的な知識向上のために責任を共有する。
❼	**知識構築の民主化 (Democratizing Knowledge)**
	すべての参加者は共同体によって実現された知識の向上に誇りをもち，共同体の共有の目標へ貢献する。どの団体でも見られる多様性や分割的相違は，知識の有無や革新者／非革新者間の区別につながらない。参加者は皆，知識改革に参加することができる。
❽	**バランスのとれた知識の向上 (Symmetric Knowledge Advancement)**
	専門知識は共同体内外に分配されている。知識向上における対称性は，知識を交換したり，知識を与えたり，これに関わる知識を得たりすることであるという事実から生まれる。
❾	**知識構築の浸透 (Pervasive Knowledge Building)**
	知識の構築は，特定の場合や事項に限定されず，学校内外での精神生活に浸透している。
❿	**信頼できるソースの積極的活用 (Constructive Uses of Authoritative Sources)**
	学問分野を知るということは，その分野の現在の知識と新しい知識にふれることである。それには，信頼できるソースへ敬意と理解を示しつつ，それらに対する批判的な姿勢をとることも必要となる。
⓫	**知識構築としての談話 (Knowledge Building Discourse)**
	知識構築共同体での談話は知識の共有だけではなく，共同体で話し合うことにより，知識の改良や変換が行われる。知識の向上は共同体内の談話の明確な目標である。
⓬	**知識改革のために定常化された評価 (Embedded and Transformative Assessment)**
	評価は知識を向上させる試みの一部である。それは，作業の進行に伴い問題の認識に使用され，組織の日々の作業に組み込まれている。共同体は，自分たちの作業結果が外部の評価者の期待を超えるものとなるよう，外部の評価より細かく厳しい共同体内の評価に従事する。

　倣ではなく，教室というコミュニティの中で対話を通して知識を発展させ，それを教室社会全体における知識構築の活動へと位置づけていくのである。

　これは，子どもが所属するコミュニティにとって価値のある知識を意図的に創造したり，修正したりすることで可能となっていく。子どもが意図的に創造したり，修正したりすることにより知識構築を図ることは，時により，子どもが共同体の中において，対話を通してことばを**専有**（appropriation）しながら使用し，それを発達させていくプロセスとして見られることがある。先述のヴィゴツキー心理学を基盤とする社会文化的アプローチでは，この専有による学習の概念をア

プロプリエーションと呼んでいる。授業における対話において，目指すべき視点である。

　ワーチは，バフチンのことばを使いアプロプリエーションの重要性を説明した。それは，「言葉の中の言葉は，なかば他者の言葉である。それが自分の言葉となるのは，話者がその言葉の中に自分の志向とアクセントを住まわせ，言葉を支配し，言葉を自己の意味と表現の志向性に吸収した時である。この収奪の瞬間まで，言葉は中性的で非人格的な言語の中に存在しているのではなく（なぜなら話者は，言葉を，辞書の中から選び出すわけではないのだから！），他者の唇の上に，他者のコンテキストの中に，他者の志向に奉仕して存在している。」(バフチン,M. M.,1996) という考えである。

　この中でワーチは，なかば他者のものを収奪する過程を学習の単純な習得(mastery)する過程と区別し，テクストの内容を学びながらもそれと対抗することばも使用しながら自己の歴史を創出するような学習をアプロプリエーションと呼んだ(ワーチ,J.V.,2002)。すなわち，子どもが意図的に対話によることばを媒介として科学概念を構築する過程が協調的に行われたならば，理科授業において，子どもがアプロプリエート(appropriate)している学びが成立していると捉えることができる。

　図2.11に示した「タンス」ということばは，表2.6での対話過程からも，このクラスにおいてコンセンサスを得ることができている。すなわち，「タンス」ということばをアプロプリエートしながら学習が進んでいることになる。先述してきたが，これは，理科学習においても文化的道具として対話をする他者のことばが重要であることを物語っている。

　ことばを介した協調的な活動とは，文化的道具として対話を通しながら，自分たちの学びを自分たちで語り，創っていく活動である。すなわち理科学習は教室内で教師や子どもの間で語られる対話の状況を通して問題解決し，科学に関する概念構築を図っていく学習となるのである。

【引用文献】

バフチン,M.M.(1988a)『ことば　対話　テキスト』(新谷他訳),新時代社,328.

バフチン,M.M.(1988b)『ことば　対話　テキスト』(新谷他訳),新時代社,279 -319.

バフチン,M.M.(1996)『小説の言葉』(伊東訳),平凡社,67-68.

コール,M.(2002)『文化心理学』(天野訳),新曜社,165.

ダーリング-ハモンド,L.他 (2009)『よい教師をすべての教室へ』(秋田他訳),新曜社,41.

市川伸一・植阪友理 (2016)『教えて考えさせる授業　小学校』,図書文化,8.

Lotman,Y.M.(1988)Text within a text. *Soviet Psychology*,26(3),34-37.

宮崎清孝 (2009)『子どもの学び　教師の学び－斎藤喜博とヴィゴツキー派教育学－』,一莖書房,226.

溝上慎一 (2014)『アクティブラーニングと教授学習パラダイムの転換』,東信堂,7.

文部科学省・教育課程企画特別部会 (2016)『次期学習指導要領に向けたこれまでの審議まとめ(案)』

森本信也・渡辺素乃子・太田川哲・八嶋真理子 (1998a)「協同的な理科の教授・学習過程に関する
　　基礎的研究」横浜国立大学教育人間科学部紀要.I,教育科学 (1),164.

森本信也・渡辺素乃子・太田川哲・八嶋真理子 (1998b)「協同的な理科の教授・学習過程に関する
　　基礎的研究」横浜国立大学教育人間科学部紀要.I,教育科学 (1),166.

森本信也 (2009)「子どもの科学的リテラシー形成を目指した生活科・理科授業の開発 - メタ認知的
　　アプローチによる科学概念形成を目指した授業開発 -」,東洋館出版社,17.

Palincsar,S. (2003) Collaborative Approaches to Comprehension Instruction, *Rethinking reading
　　comprehension,* The Guilford Press,109.

佐藤公治 (1999):「対話の中の学びと成長」,金子書房,33.

ソーヤー,R.K. 編 (2009)『学習科学ハンドブック』(森他訳),培風館,86.

Scardamalia, M. (2002a):Collective Cognitive Responsibility for the Advancement of Knowledge. In　B.
　　Smith(Ed.), *Liberal Education in a Knowledge Society*, Chicago: Open Court,72-74.

Scardamalia, M. (2002b) Collective Cognitive Responsibility for the Advancement of Knowledge. In　B.
　　Smith(Ed.), *Liberal Education in a Knowledge Society*, Open Court,78-82.

霜田光一他 (2015a)『みんなで学ぶ小学校理科 5 年』,学校図書,148.

霜田光一他 (2015b)『みんなで学ぶ小学校理科 4 年』,学校図書,28.

霜田光一他 (2015c)『みんなで学ぶ小学校理科 5 年』,学校図書,144.

Tabak,I.(2004)Synergy:A Complement to Emerging Patterns of Distributed Scaffolding. The Journal of the
　　Learning Sciences. 13(3), 305-335.

外山紀子 (2008)「食事場面における 1 ～ 3 歳児と母親の相互交渉：文化的な活動としての食事の成
　　立」発達心理学研究,19(3),232-242.

Valsiner,J. & Van der Veer,R.(1992)The encoding of distance: The concept of the 'zone of proximal
　　development' and its interpretations. In Cocking,R.R. & Renninger,K.A. (Eds.), *The development and
　　meaning of psychological distance*,Laerence Erlbaum Associates,35-62.

Vygotsky,L.S.(1928)Problema *kul'turnogo razvitija rebenka*. Pedologija. 1,58-77.

ヴィゴツキー,L.S.,& ルリア,A.R.(1987a)『人間行動の発達過程 - 猿・原始人・子ども -』(大井他訳),
　　明治図書,52-57.

ヴィゴツキー,L.S.,& ルリア,A.R.(1987b)『人間行動の発達過程 - 猿・原始人・子ども -』(大井他訳),
　　明治図書,59.

ヴィゴツキー,L.S. (2003)『「発達の最近接領域」の理論』(土井他訳),三学出版,63-64.

ワーチ,J.V.(2004)『心の声 - 媒介された行為への社会文化的アプローチ -』(田島他訳),福村出版,102.

ワーチ,J.V.(2002)『行為としての心』(佐藤他訳),北大路書房,59.

Wood,D.J., Bruner,J.S., & Ross,G.(1976)The role of tutoring in problem solving. *Journal of Child
　　Psychiatry and Psychology*, 17(2), 89-100.

※本章において,第 4 学年「空気と水」に関する授業実践を行い,貴重な授業記録を提供してくれ
　　たのは,横浜市立中川小学校澤勉主幹教諭である。ここに記して謝意を表す。

【読みたい本・参考になる本】

森本信也 (2013)『考える力が身につく対話的な理科授業』,東洋館出版社

第3章

表象として現れるアクティブな子どもの理科学習

表象として現れるアクティブな子どもの理科学習

■ 1 アクティブな学習の成果としての表象

■.1 理科学習における表象の意味

　　まず，本章で一貫して取り扱う認知心理学用語としての**表象（ひょうしょう：** representation）ということばについて，見慣れない読者が多いと思われる。表象とは，**思考**の内実を具体的に説明するものであるといえば，少し馴染めるかもしれない。つまり，思考の実体を意味するものとして表象という概念は説明できる。

> **イメージ**
>
> イメージに関する解釈はいくつか存在する。本章では，心の中で描く視覚的な映像を意味する。なお，視覚的なイメージに，ことばによる説明（命題）が加わったものをイメージとする解釈もある。

　　理科授業における事例として，子どもが水に食塩が溶ける様子について観察している場面を思い起こして欲しい。白色の食塩が「もやもや（シュリーレン）」しながら水に溶けて見えなくなる様子を，子どもは驚きと共に，実態を捉えるべく実に不思議そうな眼差しで観察することが多い。さらに，食塩の行方に関する微視的な世界を，頭の中で視覚的に**イメージ（image）**しながら捉えようとしている子どももいる。このような，観察，実験のような外部刺激を起点に，子どもの事象把握に伴う脳内において展開される一連の情報処理活動を**表象**と呼んでいる。

　　この表象について，ブルーナーは**活動的表象，映像的表象**及び**記号的表象**の3つの形式・レベルの存在を指摘した（ブルーナー，1977）。これを，理科学習を例に具体的に説明してみよう。

　　活動的表象とは，観察，実験等の具体的な行動を通じての感覚器官による直接的な情報処理を意味する。簡単にいえば，「なすことによって知る」ことである。例えば，アンモニア水の独特の刺激臭は，実際に嗅いだことがなければ，いくら

ことばで説明されても捉えることはできない。また，注射器に閉じ込めた空気をピストンで押し込んだ時に手に感じられる独特の「ふわふわ」した感触も，実体験を抜きにして捉えられる感覚ではない。このような意味で，活動的表象は理科学習の起点となることが多い。観察，実験が理科学習において重要な意味を有していることは，理科教師であれば十分に認識していることではあるが，それは認知の起点としての活動的表象の促進にあることを，ここでは再認識できよう。

映像的表象とは，図3.1に示すようにコーヒーシュガーの水への溶解で観察されるシュリーレンについて，映像的に捉え，加えてその微視的な世界を粒子モデル等で視覚的にイメージしながら事象を把握するような場合である（霜田他，2015a）。子どもにとって，肉眼による観察可能なレベルを遥かに超えながらも，脳内では極小の世界における物質の振る舞いが，あたかも目の前で起きているかのよう

図3.1 コーヒーシュガーが溶けるイメージ

に捉えている状態である。このような意味で映像的表象における情報処理は，心的な内面過程で多様な情報を包括的に扱うため，子どもにとって活動的表象よりも高次な認知の状態となるのである。

記号的表象とは，元素記号や化学式，数式等を用いて事象を捉えることである。ここでは，例えば図3.2のように，てこが水平につり合うとき，おもりがうでを傾けようとする働きは，「おもりの重さ×支点からのきょり」といった式で表せることに加え，これを実際の課題に適用して，おもりの重さ等を計算できる技能等も含まれる（霜田他，2015b）。こうした記号化されたレベルでの表象は，感覚器官を通じて得た情報を符号化して処理する最も抽象的な表象であり，映像的表象よりも，さらに高次な認知過程となる。このように記号的表象は，子どもの脳

内における情報処理と
いう側面から捉えれば，
様々な自然事象を「記号」
に置き換えて捉えるとい
う点で極めて効率的であ
り，脳への負担は大きく
軽減されることになる。
しかし，活動的表象や映

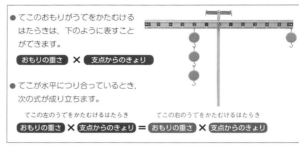

図3.2　てこのつり合う条件

像的表象と比較して視覚や触覚等の感覚に基づく情報が記号に包括される分，状
況によっては抽象度を増す記号レベルでの学習は，子どもにとって困難となるわ
けである。ことばや記号による一方向的な理科授業が，退屈でつまらないものと
なる理由はここにあるといえる。

　以上のブルーナーの指摘を踏まえれば，理科学習には一定の階層性やレベルが
存在することになる。すなわち，活動的表象を起点として，映像的表象を経て記
号的表象へと変遷する，具体から抽象への過程である。当然ながら，実際の理科
学習が進行した状態では，こうした活動・映像・記号の各表象は，互いに行き来
しながら相互に関連付いて，学習課題の解決に対して機能することになる。そう
して，子どもの思考過程において各種の表象の相互連関が有意味に進むとき，そ
れは結果として科学概念構築の実現へと繋がっていくことになる。

　科学概念の内実に関わる指摘として，ホワイト（White,R.T.，1988）は理科学習
において子どもに構成される知識・技能に関して，表3.1に示すような要素を示
した。具体的には，普遍的な意味の記憶要素であるストリング，命題，知的技能，
及び特殊的・体験的意味の記憶要素であるエピソード，イメージ，運動技能であ
る。表3.1には，中学校理科の酸とアルカリの学習内容を事例に，各知識要素の
説明を併記した。

　これらの知識・技能は，上述した活動・映像・記号の各表象の相互連関過程に
おいて，結びつきが強化され，構造化が進むことになる。こうした様態が，表象
の観点から捉えられる知識構築の実態である。筆者らは，これを表象ネットワー

クモデルとして図3.3のように模式化した（和田・森本，2010）。このモデルは，本章の冒頭で述べた思考の実体を示している。したがって，理科授業において**表象ネットワークモデル**を活用することによって，子どもの思考過程の評価を具体的に行うことが可能となる（和田・森本，2011）。本章でも，表象ネットワークを用いて，学習過程における子どもの表象（思考）の様子について説明を行う。

表3.1　理科学習に関わる知識要素

種類	簡単な定義	例
ストリング	分離されずにまとまった形で記憶されている記号やことば	塩酸，水酸化ナトリウム，H_2O，酸性，アルカリ性
命題	ことばの定義，ことばの間の関連性の記述	酸は青色のリトマス紙を赤色に変色させる
知的技能	論理を用いた課題の遂行	水210gに水酸化ナトリウム40gを溶かした溶液の質量パーセント濃度を計算する
エピソード	特定の経験あるいは目撃した事実についての記憶	お酢は酸っぱい味がする
イメージ	知覚情報に対する表象	水酸化ナトリウム水溶液中のイオンの挙動をイメージする
運動技能	パフォーマンスによる課題の遂行	塩酸と水酸化ナトリウムの中和反応の実験を行う

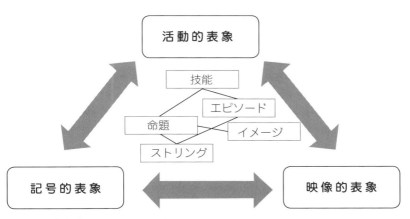

図3.3　表象ネットワークモデル

（右側縦書き）第3章　表象として現れるアクティブな子どもの理科学習

◼.2 アクティブな学習と表象

　これまで述べてきたように，表象は脳内における情報の表現活動であるが，そうした表象の変容は，アクティブな学習の成果として現れる。アクティブな学習，それは子ども自身が，自らの表象の実態を客観的に捉え，課題に対して自らの意思に基づいて適用していくことである。言い換えれば，表象に対して**メタ認知（metacognition）**を機能させながら，課題の解決を進めていくことに他ならない。中でも，実際の学習活動の過程で稼働するメタ認知は，その活動成分に着目するという意味で，**メタ認知的活動**と呼ばれる。ネルソンら（Nelson, T. O., Narens, L.,1990）は，メタ認知的活動について，図 3.4 のようなモデルを用いて，その機能を説明した。メタ認知的活動は，自己の認知状態を示す対象レベルと，それを客観的に捉えるメタレベルの２つの階層から構成される。対象レベルからメタレベルへの情報の流れをモニタリング過程，メタレベルから対象レベルへの情報の流れをコントロール過程と呼ぶ。

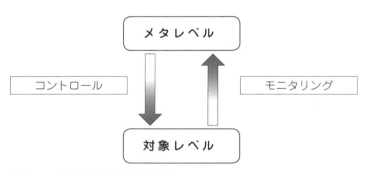

図 3.4　メタ認知的活動のモデル

　例えば，子どもが食塩水，うすい塩酸，うすいアンモニア水，炭酸水といった見た目ではあまり区別のつかない４つの透明な水溶液について，どのような性質の違いがあるかを考える課題に取り組んでいるとしよう。このとき，「どうしたらよいか？」と思考している状態が**対象レベル**である。無意識ながら表象を稼働させている状態とも言い換えることができる。この際,「５年生で学習したように，ものが水に溶けて透明になった液体を水溶液と呼んだ」というように, あたかも,

もう一人の自己が自分自身の認知を客観視しながら（これを**メタレベル**という），自己の保持する情報を検索したとしよう。こうした情報の流れが**モニタリング**過程となる。その上で，「水に何かものが溶けているはずだから，水を蒸発させてみよう」というように，具体的な解決の方法を判断，取捨選択する情報の流れが**コントロール**過程となる。

> **深い学び**
>
> 「習得・活用・探究の見通しの中で，教科等の特質に応じた見方や考え方を働かせて思考・判断・表現し，学習内容の深い理解につなげる学び」（文部科学省，2016）を意味する。表象機能が充実することで達成される学びの姿といえる。

こうした認知過程を先述した表象ネットワークと関連付ければ，図3.5のように示すことができる。つまり，アクティブに学習する子どもは，課題を解決するために，自己の表象ネットワークをメタレベルで捉え，課題解決につながる知識・技能をモニタリングして必要な情報を取捨選択し，解決への自分なりの最善解を判断（コントロール）していることになる。このような過程を繰り返し経験することによって，子どもの表象ネットワークにおける表象の形式移行や相互連関は促され，知識間のリンクが強固なものとなり，知識構造の精緻化及び体制化が促進されるのである（和田他，2013）。こうして構成された知識は，新たな課題や未知の課題の解決に

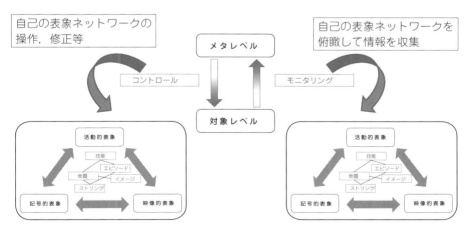

図3.5 メタ認知的活動と表象の関係

対しても，効果的に機能することが期待できる。こうしたメタ認知に基づく表象機能の充実こそが，アクティブな学習の集大成としての**深い学び**を実現する鍵になると考えられる。

上述した，メタ認知を機能させたアクティブな学習の成果としての表象の構成過程について，小学校5年の理科授業（単元：天気の変化）を例に，具体的に説明してみたい（和田・長沼，2016）。この授業では，まず第1次において天気の変化の要因

図3.6　電子黒板による雲の動きの確認

について予想させた上で，校舎の屋上から実際の雲の動きを観察する活動を行った。具体的な予想として，「風による雲の移動」や「雨雲の存在」等があげられた。屋上では，子どもに持参させたタブレット端末を用いて，雲の動きを動画撮影させた。次に，これらの観察記録を教室へ持ち帰り，図3.6に示すように電子黒板

表3.2　雲の特徴を捉える対話場面

T ：校舎の屋上で撮った映像ですが，電子黒板の前に集まってください。これを見ていると雲があまり動いているように見えない。そこで，早送りをしてみますね。 よく見てください。 C1：あ，動いてる。 T ：見えますか。ちょっと確認をしたいんですけど，こちらは南の空，さて東はどっち？指さしでいいですよ。 C2：黒板の左！ T ：はい，では西はどっちですか？ C3：右の方！ T ：はい，それではもう一度，いきますよ（電子黒板で映像を早送りで再生） C4：動いている。動いてる。 C5：ほんとだ，西から東だ！ T ：そう，どうでしたか？，確認できたでしょう。この雲の動きの事実と天気の変化を結びつけて，天気予報ができるようになりたいんだ。 C6：ぼくは，晴れの日の雲と雨の日の雲ってあって，雨を作りだす雲ってあるかもしれない，と思って。 T ：画像のように天気を変化させる雨の降る雲ってどんな雲だと思いますか？ C7：分厚くて黒い雲。 C8：黒い雲だとじゃあじゃあ降りになって。

上で撮影した動画を再生しながら，雲の動きの特徴を捉えていった。その際の教師と子どもの対話内容は表 3.2 の通りである。

　この場面では，まず校舎の屋上で実際に雲の動きを観察することを通じて，具体的な事象把握である活動的表象が促されたと考えられる。その上で，撮影した動画を電子黒板上で再生することによって，子どもの表象は，活動的表象から映像的表象への移行が促されたと捉えることができる。さらに，具体的に C5 のような「西から東への移動」といったことばによる表現を通じて，記号的表象を促している。このように，ここでの学習は具体的な活動から，映像を媒介としながら抽象的な記号レベルの表象へと連続的に進んでいることがわかる。

　その上で，教師は「雲の動きと天気の変化を関連付けて天気予報をできるようになりたい」といった課題設定のもと，授業を展開した。これによって子どもは，C6 から C8 のように，これまでの経験を踏まえて，「雨を作りだす雲ってあるかもしれない」「分厚くて黒い雲」といった予想を立てるに至っている。これは，図 3.7 に示すように，自己の表象ネットワークを自分なりにモニタリングし，経験によって構成された知識群から，必要な情報を取捨選択して表現している場面であると捉えることができる。このように，理科授業における予想や仮説の設定を通じて，子どもは既有知識のモニタリングとコントロールを活性化させる。こうした学習の見通しの形成は，アクティブな学習の起点を生み出すことに繋がる。このような意味でも，予想や仮説の設定の重要性を再認識できる。

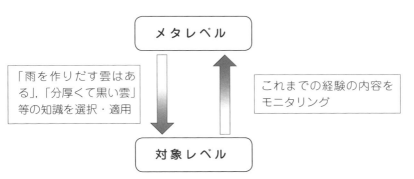

図 3.7　雲の特徴を捉える場面でのメタ認知的活動の様子

第2次では，雨雲の構造に関しての話し合いが展開された。その場面の対話内容が表3.3である。C1-1では，雲の構成要素として「水の粒」をあげ，それが夏であたたかい場合には，「水蒸気」として見えないことが述べられている。また，C1-2では，水蒸気が冷やされると水に戻ることも指摘している。ここでは，図3.8のように雲のでき方に関して，子どもが既習事項や経験をモニタリングすることによって，雲の構成要素として「水の粒」や「水蒸気」といった情報を選択（コントロール）しているメタ認知的活動の実態をみることができる。

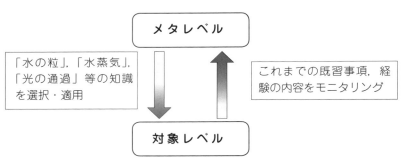

図 3.8　雨雲に関するメタ認知的活動の様子

C1-3からC1-5では，雨雲が黒色であることに関して考えが述べられている。その際に電子黒板上に表現された雨雲のイメージが図3.9である。ここでは，雨雲には隙間がないために光が通過できず，地上まで届かないことを具体的なイ

表 3.3　雨雲の構造をイメージする対話場面

C1-1：私たちは，雲は水の粒でできていると考えたんですけど，夏にあたたかくて水蒸気のまま空に行ったら，水蒸気の雲になるから見えないことになります。
T　　：今，水蒸気のままままと，雲は見えないことになるという考えがでました。それで。
C1-2：考えたんですけど，空は寒いから水蒸気は冷やされて水の粒に戻っちゃう。それで水の粒の雲になると考えました。
T　　：みんな，ここに気付けたかな？
C2　　：水蒸気はあたためられてできたもので，冷やすと水に戻っちゃう。
（中略）
C1-3：何で黒いかっていうと，上は，光が当たってここは白いんですけど。
C1-4：下の方には，隙間がないから，光が，届かないじゃないですか。だから，光が届かないから，この下は，影，雲の影になるじゃないですか。
C1-5：だから，ぼくは黒いんだと思います。

メージを示しながら説明している。このように，実態を捉えにくい雨雲の内部について，自己の映像的表象の内容をイメージ図として表現し，ことばによる論理的な説明を加えることによって，映像的表象と記号的表象の相互連関が促進されたと捉えられる。

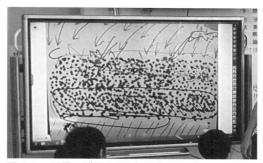

図 3.9　雨雲の構造に関するイメージ

　以上のような学習の成果として，雲の構造に関して記述させた子どもの振り返りシートの事例を図 3.10 の左側に示した。また表 3.4 に示す評価内容に基づき，振り返りシートの内容を評価，分析し，該当する知識・技能の要素を書き加えた。

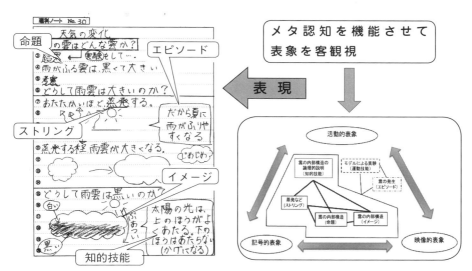

図 3.10　雲の構造に関する振り返りシート事例

また，図3.10の右側には，こうした振り返りを具体化した表象ネットワークへのメタ認知の機能との関連についても模式化した。子どもが，学習を通じて習得した知識・技能（表象ネットワーク）を自分なりにモニタリング，コントロールしながら，表現へと繋げている実態を捉えられるであろう。

表3.4　雲の構造に関する振り返りシートの評価内容

知識要素	評価内容
ストリング	水・水蒸気・蒸発等の用語を使用している
命　　題	雨雲はたくさんの水を含んで厚くて黒色であることを述べている
知的技能	雨雲の構造について論理的に説明している（子どもなりのルールの発見）
エピソード	授業内容や生活経験を示している
イメージ	イメージやモデル図等で説明している
運動技能	雲の観察方法や実体モデルによる説明をしている

2 対話や学び合いを通して変容する表象

2.1 理科授業における対話の意味

　これまでに述べてきた，理科授業において見られる子どもの表象の変容は，子どもの脳内で自動的に進むものではなく，教師や周りの友達，あるいは教科書や参考資料等，外界に表現された表象との相互作用を通じて生じる。こうした相互作用は，**対話**（dialogue）と呼ばれる。

　対話の意味について，もう少し詳しく説明してみたい。ロシアの言語学者であるバフチンは，話者が話しはじめて終了するまでの意味単位である**発話**（speech）について，自己の「声」の上に他者の「声」を重ねることで発話が生成されることを指摘した（バフチン,M.M., 1987）。そして，こうした発話の連続を対話と捉えた。バフチンが発話の中でも特に声に着目したのは，声には話者の意思が埋め込まれていること，またそれは状況や相手によって変化する点を重視したためである。このような指摘を踏まえれば，対話や学び合いとは，自己と他者との精神間で生じる発話の連続的な相互作用と解釈できる。その際，発話や声の源泉は，とりもなおさず自己や他者の保持する表象ということになる。

　表象は内的な世界であるから，結局のところ他者とは異なる世界である。理科授業の中で，共有化されたイメージや科学用語等を用いたとしても，自己の表象と他者のそれは最終的には別世界のものとなる。そうした自己と他者が有する異なる種類の表象から生み出される声を通じた発話が，教室において有意味に相互作用すること，すなわち対話が成立することによって表象の変容が進むことになるのである（図 3.11）。

図 3.11　対話の意味

表 3.5 に示す対話の事例を見てみよう。これは，小学校 5 年の「電磁石の働き」における電池の数と電磁石の強さの関係を考察する場面である（和田他，2015）。C1-1 では，電池が 1 個の場合と直列つなぎで 2 個の場合とで，電磁石の強さが異なる原因について，イメージ図と共に電気の量の観点から考えが述べられている。その上で，教師は「電気の量が増える」という発話内容に焦点化し，小学校 4 年の電流の働きの学習について振り返りを促す中で，なぜ磁力が強くなるのかを問うた。これによって，別の子ども C2-2,3 は，イメージを示しながら「電気の量の増加」と「磁力の変化」との関係を具体的に述べている。

　ここでは，図 3.14 に示すような電気 1 個から生じる磁力と直列つなぎによる電気の量の増加を関連付け，磁力が増幅されるイメージが，図 3.12，3.13 のような電流の変化のみを示していた子どものイメージに重ねられていった。これは，バフチンが述べる「自己の声（イメージ）への他者の声（イメージ）の重なり」を意味する。この事例のように，理科の学習では言語のみならず視覚的なイメー

表 3.5　電池の数と電磁石の強さの関係についての対話

C1-1：僕たちの班は，こういう風になると思って（図 3.12），これは電池が，あそこの丸いところに電気がただ流れているだけで，回っていると思って，なぜ，強くなったかというとこっち（図 3.13）は 2 個で 2 倍の量が流れるから。

図 3.12　電池 1 個　　図 3.13　電池 2 個

　　T：2 倍の何が流れるの？
C1-2：2 倍の電気が流れて 2 倍になるから強くなると思いました。
　　T：付け足しはないですか？
C2-1：流れる電気の量が 2 倍になるって考えです。
　　T：今，量が増えたって言っていたね。4 年生にやったこと覚えている？ 電池が 1 個と 2 個で，光の豆電球の光り方が変わる。それをうまく説明している。電気が多くなると，なんで磁力が強くなる？
C2-2：電池 1 個の時は（図 3.14），電気の人数がまだ少なくて，あまり 3・4 年の時の電気が点くみたいに，あんまり電気 1 個が通ってないから，強くは光らなくて，それと同じで。

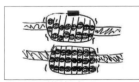

図 3.14　導線 内のイメージ

　　T：今回は，光じゃなくて磁力だよね。
C2-3：磁力が弱くて，（電池が）2 個と 3 個の時では，電気 1 個が通る量が多いから，その分，磁力が強くなるんだと思います。

ジによる対話も不可欠である。つまり，自己のイメージを中心とした表象に対して，他者のイメージの重なりが生じることによって，対話は促進されるのである。

　一方で，こうした対話の成立が，自己の表象の変容を促すことになる。実際，図3.15に示すように子どもの学習の振り返りシートには，それまでの対話の内容を自己の表象へ取り込み，咀嚼して表現する姿が見られた。ワーチは，発話者の認識は他者の発話を取り込むことによって構成されることを指摘し，自己の認識が社会を起源とすることを強調している（ワーチ,J.V., 2004）。ここでの子どもの表現は，その証左であるといえる。

　先述した表象ネットワークとメタ認知の関連から，表3.6の評価内容に基づき，ここでの表現を分析してみよう。図3.15では，小学校3，4年で学習した電流の概念をモニタリングしながら，今回の電磁石の場合でも導線を流れる電気の量が増え，電磁石が強くなることについて，イメージを駆使しながら表現（コントロール）している。特に，磁力という実体の捉えにくい事象について，導線から染み出してくるように表現している様子は，子どもの未知の事象に対して創造を働か

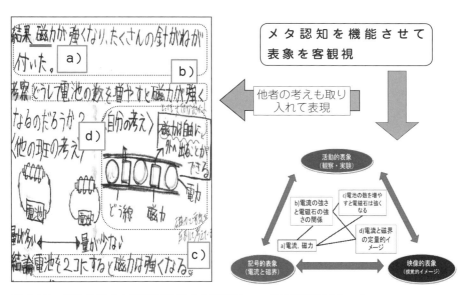

図3.15　電流の強さと電磁石の強さの関係についての振り返りシート

せる力，その豊かさを改めて実感せずにはいられない。また，他班の考えもモニタリング対象となっており，それを自己の考えに取り込んでいることがわかる。自分なりの考えを創り出す過程があるからこそ，こうした他者の表現も重要な情報となり得るのである。こうした対話の成立がメタ認知の機能を高め，アクティブな学習による表象ネットワークの精緻化を具現化したといえる。

表3.6　電流の強さと電磁石の強さに関する振り返りシートの評価内容

知識要素	評価内容
ストリング	a) 電流や磁力等のことばを記述している。
命　題	b) 電池の数を増やすと電磁石は強くなることを説明している。 c) 電流の強さと電磁石の強さの関係を説明している。
イメージ	d) 電池の数と電磁石の強さを定量的なイメージ図で表現している。

2.2　対話の促進と協働学習

これまで述べてきた対話の促進は，子どもの表象の構成過程に大きな影響を及ぼすことが明らかとなってきた。それぞれの子どもの表象の構成が促進されることによって，その子どもが属している集団の表象もまた拡張され，充実する。つまり，対話の促進は個人

> **協働学習（collaborative learning）と協同学習（cooperative learning）**
>
> 厳密な使い分けが行われているとは言い難いが，協働学習は他者との相互作用によって一人ひとりが学習を深化させる過程を意味する。協同学習は，課題全体を部分に分け，各々が役割を担いながら互恵的な関係によって学習を深化させる過程を意味する。実際の理科授業では，これらの学習が混合していることが多い。

のみならず，その対話が成立している集団そのものの文化をも充実させるのである。これは，近年，重視される**協働学習**（collaborative learning）の意味でもある。

協働学習では，当然ながら他者を頼って自分は何もしなくてもよいということにはならない。自分なりの考えを有する者同士が対話を重ね，より妥当な考えや

新たな考えを創り出すことが協働学習の本質である。この点に関わり，パーヴォラらは，主体と協働の相互作用の中で，自己にとっても集団にとっても価値のある知識の創造が可能となることを主張しているが（Paavola,S.,et al., 2004），これは協働学習の本質を端的に示しているといえる。理科では**証拠**（エビデンス）に基づきながら，矛盾のない論理的な説明を自己と他者との関わり合いの中で創り上げていく。そうして創造された知識は，自己にとっても他者にとっても公共性の高い有意味な知識となる。これが，理科における協働学習の姿といえる。

　このような協働学習の姿について，中学校の理科授業を事例に，詳しく説明してみたい（和田他，2015）。本事例は，単元「物質の成り立ち」において展開された第１次の学習場面である。ここでは，まず授業の導入として，物質は細かくするとどこまで分解できるかを考えた。次に，炭酸水素ナトリウムの熱分解に関する実験を行い，水，二酸化炭素，炭酸水素ナトリウムの３種類の物質に分解されることを捉えた。その上で，炭酸水素ナトリウムの熱分解について，他者と協働的に粒子モデルによる説明を構築した。

　なお，この授業では，図3.16に示すワークシートを用いながら，「自己の考えについて根拠を明確にしながら記述すること」，その上で「クラスの中で参考になった意見，自己の考えに取り込めそうな意見」を記述させていった。このねらいは，こうである。協働学習を成立させるためには，まず自分なりの考えをもつことが重要となる。その際，考えの根拠，証拠を必ず明記させることによって，自己の知識をモニタリングして必要な情報を判断すること，すなわちメタ認知の機能を充実させることができる。こうして，アクティブな学習を生起させ，それを促していく。また，クラスでの対話が展開されることによって，自己の考えと他者の考えの類似点や相違点，有意味な考えや表現等，多くの情報が飛び交うことになる。そこでの重要かつ有益な情報を，自己の考えに取り込むことによって，考えを発展させていく。こうした他者との関わりの重要性を意識させることによって，自己の考えの発展がまたクラスでの考えの構築に寄与することも実感できることになる。こうして，クラスにおいて公共性の高い知識を創造する協働学習が成立するのである。

図 3.16（a）に，炭酸水素ナトリウムの熱分解に関する実験結果に対する自己
の考えを記述させたワークシートの一部を示した。また，表 3．7には，自己の
考えを記述した後，グループで考えを共有・整理し，それをクラス全体で発表さ
せた際の対話内容を示した。

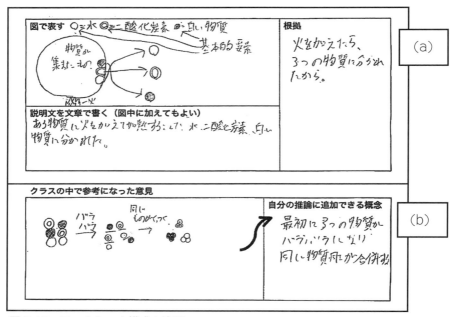

図 3.16　ワークシート構成と事例

　図 3.17 では，３種類の基本要素（水，二酸化炭素，何等かの白い物質）が寄
せ集まった炭酸水素ナトリウムが，熱によって分解される様態が記述されている。
この場面において教師は，子どもが実験結果に基づき炭酸水素ナトリウムを構成
する３種類の基本要素が，水，二酸化炭素，何等かの白い物質と捉えていること
を明確化した。
　その上で図 3.18 では，子どもから別の考えとして，炭酸水素ナトリウムが水，
二酸化炭素及び何らかの白い物質が３つで一つとなった結合体であり，熱によっ
てこの結合が切断されることが表現された。これを受けてT6,7では,先の図3.17

表 3.7　炭酸水素ナトリウムの熱分解に関する考察場面

T1 ：まず，これ（図 3.17 の矢印の部分）ですが，何を表しているか説明してください。

C1 ：下の説明文に書きました。

T2 ：「粒子のまとまりを火であぶると，わかれた。」なるほど，これ（粒のまとまり）が炭酸水素ナトリウムで，これを加熱（矢印の下の絵）している様子だそうです。ちなみにこれは炭酸水素ナトリウムなので NaHCO₃ で，これが加熱され，分かれた白は何を表しているんですか？

図 3.17　描画例 1

C2 ：水。

T3 ：水は H2O って知っているよね。黒は？

C3 ：二酸化炭素。

T4 ：CO2 で，加熱することにより，これらがばらばらになった。

C4 ：石灰水に入れると白く濁った。

T5 ：いいですね。そういうのも黒粒のところに書いておくとよかったですね。では次（図 3.18），お願いします。

図 3.18　描画例 2

C5 ：最初まとまっていたものが，CO2 と H2O に切断される。

T6 ：なるほど，<u>切断という単語がありましたね。切断いいですね。さっきの図と何が違うかわかります？</u>

C6 ：最初からまとまっていない。

T7 ：そう。さっきのは，ぐちゃっと一つのまとまりになっているんだけど，<u>この班は 3 個で 1 セットのまとまりを作っています。ここが違うね。</u>さっきは，粒々がたくさん集まって，ひとかたまりを作っていたけど，この班は，3 つに分かれることは同じだけど，3 つに分かれるっていうことは，<u>もともとは，3 個で 1 セットの要素になっているというところが違いますね。</u>次のグループ（図 3.19）。どうぞ。

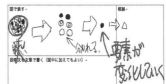

図 3.19　描画例 3

C7 ：最初，水が，水の中に全部入っていて，二酸化炭素とか，炭酸水素ナトリウムのもとになるものが入っていて，それがだんだん分かれていくというか，小さくなっていって，それで黒が炭酸水素ナトリウムのものとで，その中の物質っていうか物になるもので。

T8 ：これは何を表しているの？これが熱した瞬間ということ？

C8 ：熱した瞬間。

T9 ：そこで，ここに火があるということだね。そして熱することによって？

C9 ：分かれる。

T10：この 3 つは何を表してる？

C10：飛んでいっている。

T11：あぁこれは何かの反応中っていうことなんだね。

C11：うん。ていうか蒸発みたいな。

T12：なるほどね。この黒丸は何を表してるの？

C12：黒丸は炭酸水素ナトリウムのもとで，三角はその中の要素で飛んでいったっていうか。

T13：<u>じゃぁこの要素が変化していってるってことだね。</u>

C13：うん。

T14：<u>この点がさっきの 2 班とは全然違うところです。要素が変化していっている。</u>つまり，これまでの 2 班は，特に I 君の班は典型的でしたけど，もともと分かれる基本的な 3 つの要素がただくっついていただけだということでした。くっついてたのが分かれるというものでした。一方 H 君の班は，加熱する途中で基本的な要素が変化していってる。変化しながら 3 つに分かれていった。

との違いを明確にする発問をしている。このように，協働学習を促すためには，考えの共通点や相違点を明らかにし，より妥当な説明に向けて情報を整理していく必要がある。

　図3.19では，炭酸水素ナトリウムを図3.18と同じように何らかの基本要素の集合体と捉えているが，この基本要素が熱によって変化して水や二酸化炭素等を生成すると捉えている。ここでも，T13では考えの特徴を明確化しながら，T14では先の2班の表現との相違を明確にして，全体の考えの整理を行っている。

　このような対話を通じて，図3.16（b）に示すように，クラスで参考となった意見から，自己の考えに取り込み可能な意見を抽出させることが可能となった。協働学習の中では，このように子どもは他者が発したイメージやことばを，自分なりに取り込んでいく。これは，**アプロプリレーション**（appropriation）と呼ばれる。アプロプリエーションの具体化は，**創発的な交流**（emergent interaction）の現れとも言い換えることができる。創発的な交流とは，自分なりの考えを構築している者同士が集まり，互いの考えを共有し，比較しながらより有意味な情報を自己の中に取り入れ，新たな考えを構築していく過程である。協働学習では，自己と他者の様々な表象が飛び交い，相互作用させ，創発的な交流が深まることによって，その充実度を増すことになると説明できよう。

　この事例は物質の成り立ちに関する学習の初期段階であり，科学的なモデルの構築への途中段階である。しかし，こうした対話を通じた協働的な学習によって，原子や分子，結合等の概念の萌芽が見られることは明らかである。この事例からも，知識が自己の考えを基軸として，他者の考えとの相互作用を繰り返す対話を通じた協働によって，創造されていくことを実感せざるを得ない。

3 子どもの表象をアクティブに変容させるために必要なこと

3.1 外部表象と内部表象の関係

　子どものアクティブな学習は，当然ながら子ども個人で作り上げることはできない。これは，これまでに述べてきた学習の姿と何ら矛盾していない。子どもの学習への教師の介在なくして，表象形式の有意味な移行，表象ネットワークの構築は達成できることではないのである。そこで本章の最後では，子どものアクティブな学習を，教師の関わりを通じて作り上げる要件について検討していく。

　これまでに論じてきた子どものアクティブな学習の姿は，言い換えれば子どもの外界に存在する多種多様な表象を，協働の中で精査し，積極的に自己のものとして取り込むことであった。このとき，一つ重要な事項に気づく。つまり，子どもの表象は内的なものであるが，外界に存在する表現物は，内的な表象が外部に表出されたものであり，これらは明確に区別されるべきであるという点である。これに関わりギルバート（Gilbert,J.,2008）は，脳内での表象を**内部表象**（internal representation），それを外部へと表現した素材を**外部表象**（external representation）として区別した。

　具体的には，ギルバートは理科学習に関わる外部表象には，表3.8に示すような3つのレベルと次元が存在することを指摘した。まず，巨視的レベルの外部表象とは，観察，実験等感覚情報に基づく3次元（3D）による外部素材である。また，葉（3D）の断面を平面として捉える場合等，2次元（2D）による素材も存在する。微視的レベルの外部表象は，模型等の具体物（3D）や映像や図，グラフ等2次元（2D）による外部素材である。また，記号的レベルの外部表象は，ことばや数式，記号等，1次元（1D）での外部素材である。

表 3.8　外部表象の種類

	3次元（3D）	2次元（2D）	1次元（1D）
巨視的レベル	経験による世界の認識	経験による世界の認識	
微視的レベル	ジェスチャー，具体物	写真，バーチャル，図，グラフ，データ列	
記号的レベル			記号，数式，ことば

これらの外部表象の素材が，子どもの内部表象と相互作用して，取り込まれていくことによって，内部表象の形式の移行が推進されると考えられる。その様子を示したものが図3.20である。先に示した表象ネットワーク（図3.3）において，外部表象の素材が内部表象に影響を与え，取り込まれることによって内部表象の形式の移行を促していく。

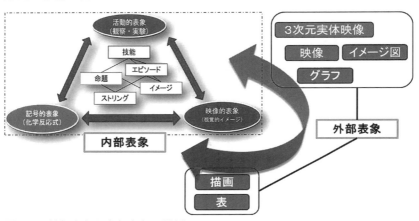

図3.20 外部表象と内部表象の関係

　例えば，小学校4年の「水を熱したときの変化を調べる」場面では，図3.21のように，水を熱しながら水の様子を調べ，時間と温度の関係をグラフに表すことを学習する（霜田他，2015c）。このとき作成される折れ線グラフは，時間と温度という変数間の関係を可視化する素材としての役割をもつ。これは言い換えれば，丸底フラスコの中の水が熱せられる様子について，観察，実験を通じて実態を捉えていた子どもに対して，グラフという新たな素材が，その事象に情報として含まれている時間と温度の関係性を映像レベルで表象することを促したことになる。

　この例のように，子どもの活動的表象を，グラフという外部素材が媒介となって，映像的表象を可能としていることがわかる。そして，子どもは，こうした学習活動を通じて，その後の学習において変数間の関係性を見出す場合には，グラフという素材を自己の脳内で表象しながら学習を展開することができるのであ

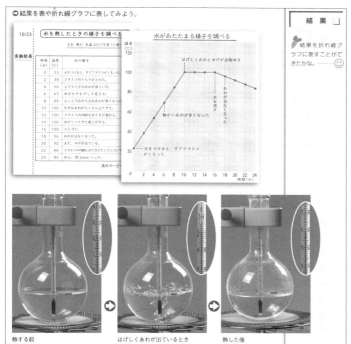

図 3.21 水のあたたまる様子

る。このような意味において、外部の素材が自己の表象の素材として取り込まれて機能する過程が、実際の学習活動では生じていることになる。このような学習が進み、結果として外部表象と内部表象の一体化が成立すれば、これらの区別はできない。いわゆる思考と表現の往復とは、こうした外部表象と内部表象の関連から説明することができるのである。

3.2 子どもの表象をアクティブに変容させるための教授方略

　子どもに様々な表象を積極的に外部へと表現させ、その内容に応じて教師は、内部表象の移行に関わる外部素材を効果的に媒介させながら、それらの内部表象への取り込みを促進させる必要がある。エッゲンら（Eggen,P., Schellenberg,S.,

2010）は，このための重要な視点を指摘している。すなわち，子どもの表象移行を成立させるための方略を認知心理学的なアプローチから導出し，表 3.9 に示すように4つの項目にまとめた。

表 3.9　表象に意味を形成するための方略

① イメージ化（Imagery）	考えを心の中に描き出す
② 組織化（Organization）	相互の関係によりカテゴリーを組織する
③スキーマの活性化（Schema Activation）	既有知識の活性化と関連付けを促進する
④ 精緻化（Elaboration）	スキーマを拡張し新情報の意味を増やす

　この方略の意味を，小学校3年の「光の性質」の授業を事例に考えてみたい。この授業では，まず鏡に日光を反射させる実験を行い，光の進み方について検討する。これは，活動的表象を伴う学習である。このとき，①の視点に基づき，教師は図 3.22 のように光の進み方を予想させる際にイメージ化を図る指導を施す（霜田他，2015d）。これによって，子どもは観察，実験を通じて感覚器官を通じて得た情報について，視覚的なイメージによる表象を行うことで，その形式を映像的レベルへと移行することが可能となる。

　その上で，日光が当たったところは明るくなったり，あたたかくなったりすることを捉える。そして，鏡の枚数を2枚，3枚と増やして日光を集めて比較する

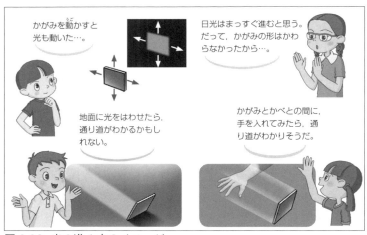

図 3.22　光の進み方のイメージ

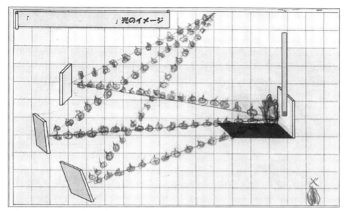

図 3.23　光の進み方のイメージ

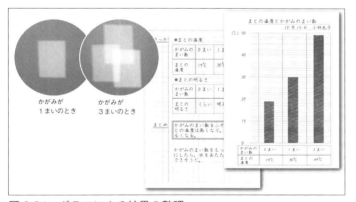

図 3.24　グラフによる結果の整理

ことによって，明るさやあたたかさが変わることを捉えていく。この際，②の視点に基づき，教師は対話を通じた協働学習によって創り出された，子どもの光の進み方に関する様々なイメージを集約し，その共有化を図り，情報の整理・分類を行う。図 3.23 は，日光を 1 つに集めたときの子どもが表現したイメージの事例である（斎藤，2015）。このとき，教師は視点②に基づき，図 3.24 のように必要に応じて表やグラフによる表現を促したり，ことばによる説明（1 D）を加えたりする等して，情報の組織化を行う（霜田他，2015e）。

　こうして，次に教師は③の視点を生かしながら，再度，子どもにイメージ，グ

第3章　表象として現れるアクティブな子どもの理科学習

93

ラフ，ことばや記号等を包括させながら，新規
情報と既有の知識とを関連付けて表象させるこ
とによって，スキーマの活性化を施していく。
これによって，子どもは活動的表象，映像的表
象，そして記号的表象への移行に関わる外部表
象の素材を内部表象として取り込んでいくこと
が可能となるのである。

　最終的に教師は，④の視点を踏まえながら，「虫めがねを使って光を集めたら
どうなるか」といった課題を提示し，これまでに構成されたスキーマに基づき，
それを拡張させる表象活動を展開させることによって（図 3.25），科学概念の構
築をより確かなものとしていくのである。

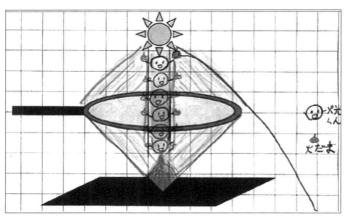

図 3.25　虫めがねによる集光のイメージ

　このように，教師は子どものメタ認知を機能させ，協働学習を基軸として①か
ら④の視点を踏まえながら，外部表象を内部表象の形式移行に的確に媒介させる
必要がある。これによって，表象ネットワークは精緻化され，科学概念の構築を
具体化するのである。以上の議論を整理し，アクティブな学習を生み出す理科授
業開発の視点として模式化したものが図 3.26 である。なお，当然ながら，図 3.26
における①から④の視点の配置は固定的なものではなく，子どもの表象の実態に
応じて柔軟に変化させる必要がある。

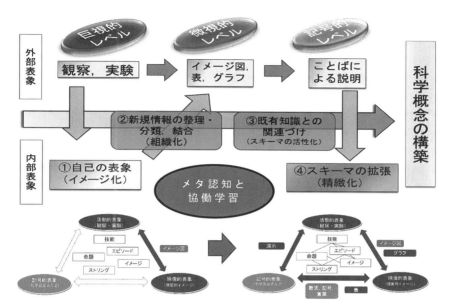

図 3.26 アクティブな学習を生み出す理科授業開発の視点

　以上のように，教師が介在しながら対話を作り上げ，有意義な協働学習が成立
したとき，そこでは子ども同士の重要な姿が見られることになる。上記に述べた
教師の介在は，言い換えると**足場づくり**（scaffolding）である。足場づくりは，
ヴィゴツキーの**発達の最近接領域**（Zone of Proximal Development）の概念に
基づき（ヴィゴツキー,L.S., 2003），ウッドらが提唱した概念であり，子どもが独力
では解決困難な課題について，解決のための諸要素をコントロールするような支
援を施すことを意味する（Wood,D.,et al., 2003）。

　対話が成立し，充実したコミュニケーションが展開されている教室には，教師
による足場づくりのみならず，コンピュータによる補助や他の子どもの考え等が
足場となる等，様々な要素の相互関係から成る足場づくりが実現している。こう
した足場づくりの概念に関して，タバクは次のような（Ⅰ）から（Ⅲ）の足場づ
くりのモデルを提唱している（Tabak,I., 2004）。

　　（Ⅰ）分化モデル，（Ⅱ）重複モデル，（Ⅲ）相乗モデル

先述した光の性質に関する授業を例に説明してみよう。（Ⅰ）分化モデルは，学習初期において見通しを形成するために行う足場づくりの形態である。例えば図3.27のように，子どもが「光はまっすぐ進んでいるのかな？」といった疑問を抱いた場合に，教師が「鏡を使って実験してみよう」といった，課題に対して1対1対応の具体的な方策を示す場合である。このような，課題に対して解決のための糸口を見出させる足場づくりは，アクティブな学習の起点づくりには欠かせない。

図3.27　分化モデル

　（Ⅱ）重複モデルは，学習が進み課題に対して複数の足場づくりを施すような場合である。例えば，図3.28のように子どもの「光を鏡の枚数を増やして集めたら，1枚のときよりもあたたかくなるのかな？」といった疑問に対して，「鏡の枚数を2枚，3枚と増やして比較してみよう」「あたたかさはどのような道具で調べますか」といったように，課題に対して複数の足場が重複して機能し，解決へと具体的な学習が展開されるような場合である。

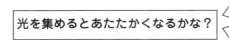

図3.28　重複モデル

　（Ⅲ）相乗モデルは，図3.29のように単元全体の学習が進んで子ども同士の対話が活発になり，課題に対して様々な要素が関連付いて足場として機能するような場合である。例えば「虫めがねで光を集めたら，どうなるか？」といった課題に対して，「私は光の粒が集まるイメージ図を書いてみたよ」，「私は光のパワーを集めたイメージ図にしてみたよ」，「実際に虫めがねで光を集めて実験してみよう」，「光を集めたときの実験の画像をよく見てみよう」といった具合に，協働の中で子ども同士や教師との豊かな対話が成される。そこでは，課題の解決に関わ

る様々な要素が，これまでの学習を踏まえて関連付き，相乗的な足場が形成されるのである。この状況では，教師の意図的な介在による足場づくりは減少し，子ども同士が互いの考えを相互に評価し合いながら，最も機能的な考えが個や集団に

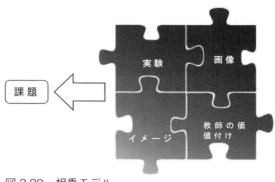

図 3.29　相乗モデル

取り入れられ，アクティブで創造的な教室空間が構成されることになる。21 世紀に要請される学習の姿がそこには見られることになる。子どもの表象をアクティブに変容させていく姿として認識しておきたい。

【引用文献】

ブルーナー ,J.S.（1977）『改訳版教授理論の建設』（田浦 武雄，水越 敏行訳），黎明書房

Eggen,P. ., Schellenberg,S. (2010)　Human Memory and the *New Science of Learning*, New Science of Learning, Springer, 79-107.

Gilbert,J.（2008）　*Visualization.Theory and Practice in Science Education*，Springer , 3-24.

文部科学省（2016）「次期学習指導要領等に向けたこれまでの審議のまとめ」，http://www.mext.go.jp/component/b_menu/shingi/toushin/__icsFiles/afieldfile/2016/09/09/1377021_1_1_11_1.pdf

Nelson, T. O., and Narens, L.（1990）Metamemory:A theoretical framework and new findings, In G. Bower (Ed.), T*he Psychology of learning and motivation,* San Diego, CA: Academic Press, Vol.26, 125-123

Paavola,S., Lipponen,L and Hakkarainen,K (2004) Models of Innovative Knowledge Communities and Three　Metaphors of Learning, *Review of Educational Research,* Vol. 74, No. 4, 557-576.

斉藤武 (2015)　横浜国立大学附属横浜小学校斎藤武氏の実践

霜田光一他（2015a）『みんなで学ぶ小学校理科 5 年』，学校図書，140

霜田光一他（2015b）『みんなで学ぶ小学校理科 6 年』，学校図書，88

霜田光一他（2015c）『みんなで学ぶ小学校理科 4 年』，学校図書，103

霜田光一他（2015d）『みんなで学ぶ小学校理科 3 年』，学校図書，70

第3章　表象として現れるアクティブな子どもの理科学習

霜田光一他（2015e）『みんなで学ぶ小学校理科３年』，学校図書，74

Tabak,I（2004）Synergy: A Complement to Emerging Patterns of Distributed Scaffolding, *The Journal of the Learning Sciences*, Vol.13,No.3,305-335.

バフチン,M.M（1987）『小説のことば』（伊東一郎訳），平凡社

ヴィゴツキー,L.S.（2003）『「発達の最近接領域」の理論 ― 教授・学習過程における子どもの発達』（土井捷三・神谷栄司訳），三学出版

和田一郎・森本信也（2010）「子どもの科学概念構築における表象の変換過程の分析とその教授論的的展開に関する研究－高等学校　化学『化学反応と熱』の単元を事例に－」，理科教育学研究，Vol.51,No.1,117-127

和田一郎・森本信也（2011）「子どもの科学概念構築過程における表象機能の操作因子に関する研究」，理科教育学研究，Vol.51,No.3,169-179,

和田一郎・熊谷あすか・森本信也（2013）「理科学習におけるメタ認知と表象機能との関連についての研究」，理科教育学研究，Vol.53,No.3,523-534

和田一郎・宮村連理・澤田大明・森本信也（2015）「理科学習におけるメタ視覚化の概念とその社会的相互作用を通じた変容過程の分析－中学校理科「物質の成り立ち」の単元を事例として－」，理科教育学研究，Vol.56,No.1,75-92.

和田一郎・長沼武志・森本信也（2015）「子どもの理科学習における表象移行を促進する教授方略に関する事例的研究」，理科教育学研究，Vol.56,No.2,235-247

和田一郎・長沼武志（2016）「小学校理科における思考・表現の促進に関する事例的研究－言語要素と非言語要素の相互連関に着目して－」，臨床教科教育学会誌，Vol.16,No.1,125-134

ワーチ,J.V.（2004）:『心の声－媒介された行為への社会文化的アプローチ－』（田島信元他訳），福村出版

White,R.T.(1988)　*Learning Science*，Basil Blackwell，22-40

Wood,D.,Bruner,J.S. and Ross,G.(1976)　The role of tutoring in problem　solving, *Journal of Child Psychology and Psychiatry*,17,89-100

【読みたい本・参考になる本】

J・ダンロスキー・J・メトカルフェ（湯川良三・金城光・清水寛之訳）（2010）『メタ認知　基礎と応用』，北大路書房

自己調整学習研究会　監修（2016）『自ら学び考える子どもを育てる教育の方法と技術』，北大路書房

三宅なほみ・東京大学 CoREF・河合塾編（2016）『協調学習とは』，北大路書房

森本信也（2013）『考える力が身につく対話的な理科授業』，東洋館出版社

R.K. ソーヤー編（大島純・森敏昭・秋田喜代美・白水始監訳）（2016）『学習科学ハンドブック（第二版）』，北大路書房

第4章

アクティブに科学概念を構築する子どもを育む

第4章　アクティブに科学概念を構築する子どもを育む

❶　科学概念についての深い理解

❶.1　子どもの科学概念の特性

　1980年代ピアジェの予定調和的な概念の発達観に抗して，力，熱，生命といった特定の学習内容に関わる子どもの既有概念に関する研究が胎動した。代表的な研究者としてオズボーン，ドライバーらが挙げられる。表4.1は，後に構成主義者（constructivist）と呼ばれる彼らの研究の内容である。

　これらの研究は，ピアジェ派に見られる斉一的認識論では説明できない領域に固有な子ども個々の事象に対する認識の様子を明らかにしていった。こうした領域に固有な子どもの認知を「**認知の領域固有性**」と呼ぶ。新たな学習観では，学習を子ども個々の領域に固有な事象に対する意味の構成としたのである。

　図4.1は，中学1年に植物のなかま分けにおいて，学習前の考えを**概念地図法**（Concept mapping）を用いて表現させたものである。

　図4.1によると子どもは，植物を，花，草，木などと大きくなかま分けし，さらにタンポポ，イチョウ，アブラナと

> **領域固有性**
>
> 認知的な発達が，認識や思考の領域によって異なること。個人によっても異なる。例えば生物の分類と，てこの種類のように領域が異なると個人が持っている認知的枠組み（先行経験，既有概念など）の違いによって異なる考えをすること。

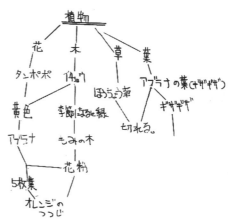

図4.1 植物に関する子どもの 概念構造例

表 4.1 領域に固有な子どもの論理（森本 ,1992）

領 域	認 識 内 容	年 齢	研 究 者
力 学	動いている物体は力を持っており，運動を維持するのに一定の力を必要とする。	すべての年齢	Watts,1983
	摩擦力は二つの動いている表面が接触したときに生じる作用である。	すべての年齢	Stead,1981
光 学	昼よりも夜の方が光は遠くへ進む。	9-15 歳	Osborne,1980
物質粒子	空気を構成している粒子間には酸素，水蒸気，空気が存在する。	12-14 歳	Osborne,1983
熱と温度	熱には，冷たい熱と温かい熱がある。熱と温度は同じ。熱は高温を作り出す素である。	すべての年齢	Watts,1983
体積置換	重い物体ほど置換する水の量が多い。	すべての年齢	Linn,1983
浮き沈み	形にかかわりなく，重い物体は沈み，軽い物体は浮く。	4-8 歳	Linn,1973
生 命	動くことのできる物が生きているのである。	10 歳まで	Carey,1985
岩 石	岩石とはこぶし大の大きさで，つやのない，ゴツゴツした物である。	11-17 歳	Happs,1982
地 形	海溝は海と陸の境界である。	14 歳	Freyberg,1981
植 物	木は植物ではない。草やタンポポは雑草であり，植物ではない。野菜は植物ではない。種は植物ではない。	10-15 歳	Bell,1981
イ オ ン	電気分解中の水溶液の中には電気は流れていない。	13 歳	Osborne,1980

第4章 アクティブに科学概念を構築する子どもを育む

いった具体的な事例に結びつけている。また，それぞれの事例には，色，葉がギザギザ，花が咲く，実がなる，というように**エピソード**に基づいて記憶されていると解釈することができる。

　このように，構成主義の視点からの研究においては，目に見えない子どもの概念構造をさまざまな子どもの表現活動を通して明らかにしてきた。教師は，授業を行う前提として，こうした学習場面，学習する領域（単元）や学習の文脈，子ども個々の既有知識や学習履歴を意識して授業を展開する必要がある。

一方で，限られた授業時間の中でも，多くの事例や場面に適用できるといった質の高い科学的な概念を構築させる工夫が必要である。例えば，図 4.2 のように「ねんどは形を変えても重さは変わらない」と学習した子どもでも，図 4.3 の場面では「姿勢を変えると体重が変わる」と考えることがある（霜田他 ,2015a）。このように，考え方は同じでも，状況や文脈が異なるとこれまでに学習した概念を適用できない場合がある。教師は，子どもの科学概念についての**深い理解**を実現するために，子どもの認知の特性，即ち領域固有性を理解して，その概念に関する新しい視点（**内包**）と適用事例（**外延**）を獲得させることを意識して授業展開を工夫しなければならない。

図 4.2　ねんどの形と重さ

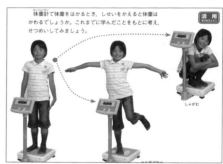

図 4.3　ひとの姿勢と体重

■.2　科学概念は更新されるもの

　モティマーは，「**概念プロフィール**（Conceptual Profile）」の概念を用いて，認知の領域固有性を加味した**概念変換**について説明している（Mortimer,E.F.,1995）。概念プロフィールとは，ある概念について，それを構成する領域に固有な考えや，エピソードといった下位概念から構成されている。子どもは，一つの概念理解において二つ以上の視点からなる解釈を共存させ，文脈に応じてそれを使い分けているという考え方である。それは，「認知の領域固有性」の一つの具現化であり，既有の概念は転換または放棄されるのではなく，その概念に関する新しい視点（内包）と適用事例（外延），すなわちその概念を説明する多様な

プロフィール（Profile）が更新，追加されるという考え方である。つまり，概念プロフィールとは，子どもにおける「思考方法の多様性（different ways of thinking in different domain）」（Mortimer, E. F.,1995）とその結果構築される科学概念の記憶を指すのである。

　モティマーの提唱する子どもの概念プロフィールを捉えるとき，子どもの学習状況は図 4.4，図 4.5 のように表すことができる。図 4.4 は，子どもの既有の概念プロフィールに新しい事実や実験をもとにした新たな概念プロフィールが追加されるモデルである。また，図 4.5 のように授業による新たな経験などによって，既有の概念プロフィールが書き換えられ，新たな概念プロフィールに更新されるのである。

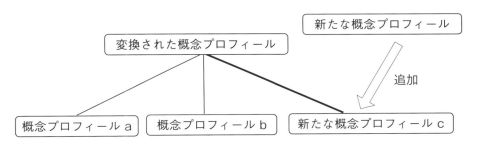

図 4.4　概念プロフィールの追加

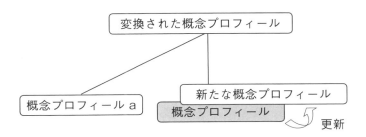

図 4.5　概念プロフィールの更新

例えば，生物の分類の学習について考えてみよう。子どもは，木や草は「植物」，犬や猫は「動物」，蝶やバッタは「昆虫」と明確に区別している。つまり，動物というラベル（言葉）が昆虫というラベルの上位概念であることを認識していない。これを「犬もバッタもエサを食べて生きているから同じ動物だね」と説明して理解するだろうか。否である。子どもは，植物の光合成，動物の消化と吸収といった学習を通して，光合成を行って生活するもの（**独立栄養**）が植物，動き回って食物を取り入れて生活するもの（**従属栄養**）が動物であると理解していくのである。図 4.6 は，上述した子どもの「動物」に関する概念プロフィールの更新をモデルで表したものである。

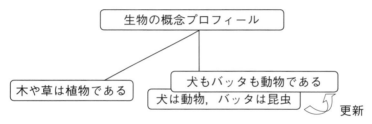

図 4.6 「生物の分類」に関する概念プロフィールの更新例

　子どもが「犬もバッタもエサを食べて生きているから同じ動物だね」という教師の説明だけでは理解し得ないのは，子どもが所持する「動物」の概念プロフィールと教師が所持する概念プロフィールが異なっているからである。つまり，教師がいう「同じ動物」と子どもが認識している「動物」が違っているから子どもは，容易にこれを受け入れられないのである。

　そこで，この違いを埋めるために植物の光合成，動物の消化と吸収といった学習が必要になってくるのである。その結果，「動き回って食物を取り入れて生活する」ものの仲間は何か，既有の知識と新たに導入される知識との間で，調整すなわち自己調整学習が行われるのである。その上で，動き回って食物を取り入れて生活するものが動物であると理解するのである。ここでいう理解とは，「動物の概念プロフィール」が更新されたということである。

小学校 3 年「昆虫の成長と体のつくり」を教科書（霜田他 b.2015）の構成から
考えてみよう。①は授業前の子どもが持っている概念の例である。

① 学習前の子どもは，生き物の中で
「虫」という概念を持っている。

図 4.7　こん虫の生活環

↓

② チョウの体のつくりや育ち方の観
察を通して「こん虫」の概念を獲
得する。

↓

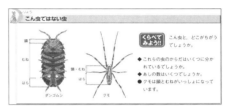

図 4.8　こん虫ではない虫

③ 生きものの様子調べから「こん虫」
を含む「虫」の適用事例をふやす。

↓

④ こん虫ではない虫（非事例）を知
る。

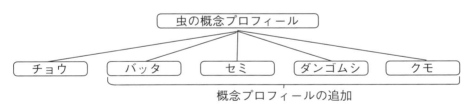

図 4.9「虫」適用事例の追加

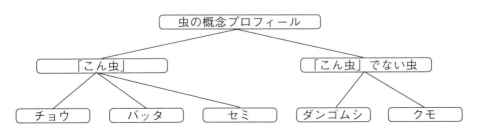

図 4.10「こん虫」概念の適用と非事例の明確化

以上のように，子どもの概念構築の過程を見ていくと，前提となる子どもが現在保持している考えを同定することが極めて重要であることがわかる。即ち，学習問題を醸成したり，考察するような，子どもに考えること（概念の構築）を促す場面では，経験や既習事項，知っていること等を表現させ，その質を教師は見極める必要がある（図4.11）。

　モティマーによれば，こうした状況における教師の役割は，第一に子どもの既有概念と学習すべき概念との間における子どもにとって障壁となる要素を同定すると同時に，これらを克服するために次の方策をとることである。

図4.11　経験をもとに考えさせる（霜田他,2015c）

(1) 問題の明確化（科学概念と子どもの既有概念との間にある障壁の同定）

(2) 子どもに科学概念を獲得させるために必要とされる諸方略

(3) 子どもに提示する一般化された概念の適用範囲の明示

(4) 科学概念と既有の概念との照合

(5) 学習のふり返り

(6) 新しい概念の自覚化

　第二に，子どもに既有の考え方と提示された科学概念それぞれの適用範囲を意識化させることである。重要なことは，子どもが教師や周りから得られる情報を新しい視点として取り入れ，今までとは異なる思考の枠組みとして取り入れることである。したがって，このプロセスに既有の概念の放棄の有無は問題とされない。むしろ，子どもが授業で明らかにされる新しい科学概念の体系を咀嚼する過程こそ評価し，指導の中心として位置づけられなければならないのである

(Mortimer, E.F., 1995)。

1.3 学習動機をともなう

　モティマーは，科学概念変換における認知の領域固有性を概念プロフィールの概念によって明らかにした。そして，こうした学習の成立を促すために教師がとるべき方策を示した。しかし，概念プロフィールの追加や更新といった学習を成立させる原動力，即ち**学習動機**については未解決な課題であった。

　小学校学習指導要領解説（平成 20 年 8 月）では，子どもが理科学習を進める様態について以下のように説明している。

> あらかじめ児童がもっている自然の事物・現象についてのイメージや素朴な概念などは，問題解決の過程を経ることにより，意味づけ・関係づけが行われる。そして，学習後，児童は自然の事物・現象についての新しいイメージや概念などを，より妥当性の高いものに更新していく。

　また，理科の学習を次のように捉えている。

> 理科の学習は，児童の既にもっている自然についての素朴な見方や考え方を，観察，実験などの問題解決の活動を通して，少しずつ科学的なものに変容させていく営みであると考えることができる。

　このような子どもの学習を捉える見方，即ち学習観は構成主義を基礎とする学習観であり，概念プロフィールの概念とも軌を一とする。そして，こうした子どもの学習という営みを支えるのは関心や意欲，言い換えれば学習動機である。中学校学習指導要領解説（平成 20 年 9 月）では以下のような分析がなされている。

> 「自然の事物・現象に進んで関わること」は，生徒が主体的に疑問を見つけるために不可欠であり，学習意欲を喚起する点からも大切なことである。（中略）自然についての理解が深まるにつれて，その先にある新たな疑問を見出していくというように，自然の事物・現象に対して進んで関わることは理科の学習の出発点であるとともに，学習を推し進める力にもなると考えられる。

学習指導要領解説の文言から，次のような学習者像が浮かんでくる。

○ **学習意欲をもつ子どもは，主体的に疑問を見つける**

○ **学習を推し進める力をもつ子どもは「自然の理解→疑問→新たな関わり」のように学習をすすめる。**

学習指導要領解説に見られた子どもの学習観は，図 4.12 のように，理科学習における子どもの自己調整学習の一側面と重ねられ，以下のように説明することができる。

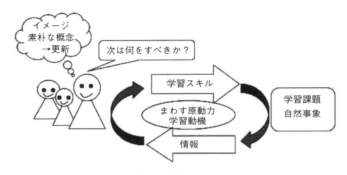

図 4.12　理科における自己調整学習

理科学習の文脈において，子ども（集団）が問題解決にあたるとき，問題に適した学習スキル（認知的方略）を選択し，発揮（行為）する。そして，さらにその行為から派生する文脈を情報として受け取り，新たな学習スキルを選択し，行為する。このような活動全般をコントロールしながら子どもは学習を進めるのである。そして，子どもがこのように学習をすすめるプロセスが理科学習における**自己調整学習**（ self-regulated learning）と考えられる（小野瀬ら,2008）。さらに，自己調整学習を働かせるためには，自己効力感の生起，内発的な価値意識，テスト不安といった学習動機が欠かせない。

学習者の「**信念**（belief）」によって動機づけが規定されるという立場を動機づけ研究における「**認知論的アプローチ**」という。近年の心理学の分野における動機づけ研究の主流である。その代表的な理論の一つとして「**期待×価値理論**」が挙げられる。期待×価値理論とは，動機づけを期待（成功可能性に関する主観的

認識）と価値（行動遂行にかかわる価値）との「積」によってとらえようとする理論の総称を指す（上淵，2004）。

　ここでいう，期待と価値を学習に関連することとして例えるならば，次のようになる。「成功する見込みがあるから取り組む。」「取り組むに値する価値があると思うから頑張る。」すなわち，子どもの学習の原動力である「動機づけ」を学習に対する期待と価値というカテゴリーで捉えるのである。表 4.2 は，教科学習

表 4.2　教科学習を対象とした動機づけ研究の例

研究者	研究成果	対象とした教科
堀野，市川（1997）	学習動機，学習方略，学友成績の因果モデルを特定した。	英語
谷島，新井（1996）	理科学習（生物分野）への感情，教材への興味・関心，理科の学習動機，理科の有能感の因果モデルを特定した。	理科
田中，山内（1999）	動機づけと自己制御学習のストラティジーとの関連性が高いことを明らかにした。	学習全般

を対象とした動機づけ研究の例である。堀野らは，「学習の内容が重要であると考えている」学習動機のある子どもは，学習の体制化，イメージ化といった有効な学習方略を見いだして学習を進め，その結果，学習成績が高いことを見いだした（堀野・市川，1997）。谷島らは，理科への正の感情が高い子どもは，具体的な理科教材への興味・関心が高く，教材への興味・関心が高いほど，理科の授業や学習に内発的に取り組むという関係を見いだした（谷島・新井，1996）。田中らは，「自律性の高い動機づけは，より自己調整された目標志向や学習方略を介して成績がよいという傾向がある」ことを明らかにした（田中・山内，1999）。

　田中らがいう目標とは，期待×価値の価値の部分に焦点をあてたものである。従って田中らの分析は，学習動機と自己調整学習方略との関連性が高いことを示すものと考えられる。こうした研究に見られるように，子どもの学習動機と，それに伴う自己調整学習との関連が高いことが明らかにされている。

2 科学概念をアクティブに構築させるための 指導と評価方法

2.1 教師の判断行動についての見方

2014年，新しい時代にふさわしい学習指導要領等の在り方について中教審に諮問が出された(下村，2014)。注目すべきことは，答申の3つの柱の一つである「教育目標・内容と学習・指導方法，学習評価の在り方を一体として捉えた，新しい時代にふさわしい学習指導要領等の基本的な考え方について」において「**アクティブ・ラーニング**」を具体的指導方法として取り上げていることであった。アクティブ・ラーニングとは，従来のような知識の伝達・注入を中心とした授業から，教員と学生が意思疎通を図りつつ，一緒になって切磋琢磨し，相互に刺激を与えながら知的に成長する場を創り，学生が主体的に問題を発見し解を見いだしていく能動的学修を意味している (文部科学省，2012)。

知識の伝達・注入では無い授業展開の志向は「**指導と評価の一体化**」をキーワードの一つとして作成された教育課程審議会答申 (文部科学省，2000) と軌を一にする。これは，指導と評価の一体化概念を基本に授業を展開し，個人内評価を工夫して，生きる力を育むという段階的な流れとして読み取ることができる。本答申では特に指導と評価の一体化について，以下の点が強調されてる。

> 評価は，学習の結果に対して行うだけでなく，学習指導の過程における評価の工夫を一層進めることが大切である。

これは，形成的評価への注視と言い換えられる。形成的評価の核心はまさに，学習の過程に視点を当てたものであり，この過程で得られた情報こそが教師の指導改善，子どものメタ認知の促進に寄与する中心的役割を果たすと考えられるからである。つまり，学習過程において，自ら学び自ら考えるプロセスが具現化され，それを支援，促進するための**形成的評価**がなされなければならないのである。理科学習においては，子どもの科学概念構築の過程における即時的な評価がその中心として位置づけられるのである。

ここで言う「形成的評価とは，授業中に教師と学習者がフィードバックを受け

取り，学習者が意図された学習成果を達成できるように，現在行っている授業と
学習を調整するプロセスである」。(P. グリフィンら,2014)

図 4.13 は，上述の
考えに基づき，子ども
の科学概念構築を支援
する教授学習過程をモ
デルで表したものであ
る。即ち，教師が子ど
もの学習実態を把握し
て，意図をもって**教授
ストラティジー（方略）**
を選択し，具体的な**教授スキル**として発揮する様子，即ち，理科授業での教師の
判断行動を表している。

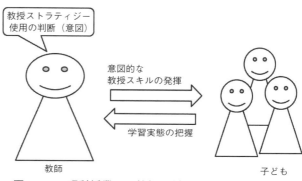

図 4.13　理科授業での教師の判断行動

クラクストンは，こうした教師が即時的に，直感的に学習を評価する際のパラ
メーター（教授ストラティジー）を定義した。森本らは，それらのうち理科授業
における教授ストラティジーとして以下の７つを翻訳した(森本・小野瀬,2004)。

　・顕在的カリキュラムと授業計画　　・子どもの学習実態の把握

　・子どもの考えの引き出し　　　　　・子どもの考えの顕在化

　・子どもの考えの再認　　　　　　　・知識の共有化の促進

　・学習の振り返り

　表 4.3 は，理科の授業構成要素，教師の教授活動，子どもの自己調整学習過程
を軸として，上述の教授ストラティジーを組み込み，理科授業全体の枠組み（ス
キーム）を表したものである。このように，教師は理科授業の枠組みの中で，場
面に応じて教授ストラティジーを発揮しているものと考えられる。

　理科授業において，表面的に現れる活動をこのような枠組みで捉えたとき，教
師は頭の中で，どのような判断を行っているだろうか。図 4.14 は，これを「教
師の教授活動調整モデル」として解釈したものである(小野瀬,2015)。即ち，教
師は子どもの学習状況を見とり，「**顕在的カリキュラム**と授業計画」を参照しな

第４章　アクティブに科学概念を構築する子どもを育む

111

表 4.3　理科の教授スキーム

授業構成要素	教師の教授活動	子どもの自己調整学習過程
学習の導入	子どもの学習実態の把握 • エピソード,既有概念の想起 考えを引き出し,顕在化する • 子どもの考えを引き出す,顕在化 • 課題の意識化,明確化	目標設定と方略計画 • 経験や知識をもとに学習課題を自覚化する
観察,実験	情報の収集・共有化を促す • 情報を収集させる(調べ学習) • 実験装置や方法を提示する • ネットワークを作る • 他班の進捗状況と比較する	方略実行とモニタリング • 他班の進捗状況と比較する • 実験をやり直す
考察	子どもの考え方の再認 • 対話場面の設定 • 子どもの表現への支援	方略実行結果のモニタリング • モデルを使って解釈する
学習課題の解決	学習の振り返り • 学習の成果や学習課程の記録を示す	自己評価とモニタリング • 学習の過程を振り返る

がら,他の6つの教授ストラティジーを実行すると考えられるのである。このように教師は,子どもの科学概念構築を実現させるために,「子どもの学習状況」と「教授ストラティジー」を俯瞰してコントロールしながら,教授活動の具体として「教授スキル」を発揮していると考えられる。

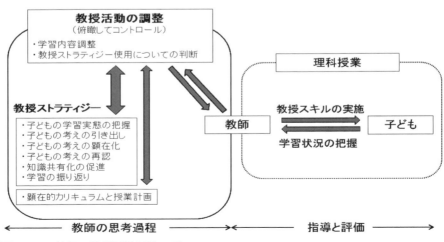

図 4.14　教師の教授活動調整モデル

　具体的な事例で見てみよう。以下に示す事例は，小学校5年，単元「もののとけ方」の一場面である。2つのビーカーの一方にホウ酸を入れたが，どちらに入れたかわからなくなってしまった。これを見分けるにはどうしたらよいか。ということについて，議論している場面である。プロトコルは「顕微鏡で見る説」が出された場面で，教師と一人の子どもが会話している場面である。教授スキルのうち，教師の活動を●，子どもに行わせる活動を◆で表してある。

　本場面における，教師の教授ストラティジーは，子どもの考えの引き出し，続いて子どもの考えの顕在化である。この場面での教師と子どもの談話は，以下のように解釈できる。T1(◆子どもに考えを表現させる)により発言を促され，子どもはS1で「顕微鏡で見て，どちらかにホウ酸が入っているか，やってみる。」

教師T 教授ストラティジー	子どもS	教授スキル（教師●，子ども◆）
子どもの考えの引き出し 子どもの考えの顕在化 T1. とりあえず，その方法がいいか悪いか，別として，全部出してみましょう。じゃあ，誰かいい案，思いついた人？		◆子どもに考えを表現させる
	S1. 僕は，その二つのビーカーに入っているやつを，顕微鏡で見て，どちらかにホウ酸が入っているか，やってみる。	
T2. あぁ，顕微鏡でみる。理由は？		●子どもの考え方を繰り返し言う
	S2. 理由は，肉眼では見えないけど，顕微鏡では，それが見えると考えたからです。	◆子どもに考えを表現させる
T3. あぁ，これ他に考えた人いる？いますね。細かい物が見えそう。細かい物っていうと…	S3. なんでもいいんですよね，細かいものなら	●子どもの考えを言い換える ①「肉眼では見えない」 →「細かい物」
T4. ホウ酸が見えるかも知れないって？見たことないけど…？わかんないね，まだ。		②ホウ酸が見えるかも知れない

と意見を述べた。理由は，「肉眼では見えないけど，顕微鏡では，それが見えると考えたから」である。教師は，T2「顕微鏡で見る」（●子どもの考え方を繰り返し言う）を経て，T3において，子どもの「肉眼では見えない」を「細かいもの」と言い換えた（●子どもの考えを言い換える）。更にT4において，「ホウ酸が見えるかも知れない」と子どもの考えを補強した。

以上のように，教師は「顕微鏡で，どちらにホウ酸が入っているか見る」という子どもの考えを溶けて見えなくなったホウ酸が「肉眼では見えない，細かいもの」なのではないか，という物質概念の萌芽に近づけようと試みている。

もちろん，溶けたホウ酸を顕微鏡で観察することはできないが，例えば図4.15の「ろ過のしくみ」の説明に見られるように，溶解をモデルで考えていくためには，子どもが「目には見えないくらい小さな粒」をイメージしていること，そして，図4.16（のように，その粒は見えないけれど存在していること（**保存の概念**）を理解することが大切である（霜田他,2015d）。

このように，目には見えない微視的世界などをモデルを使って考えることは，理科学習の特徴の一つである。

● **ろ過のしくみ**

ろ紙のあなより小さいものだけがろ紙を通りぬける

ろ紙

ろうと

図4.15
粒子モデルによる説明

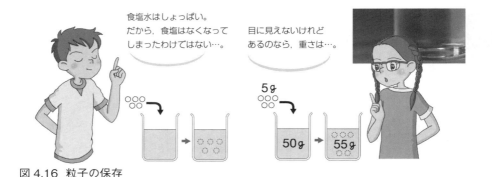

食塩水はしょっぱい。だから，食塩はなくなってしまったわけではない…。

目に見えないけれどあるのなら，重さは…。

5g

50g → 55g

図4.16 粒子の保存

❷.2　子どもの表現とその評価

　アクティブラーニングの一般的特徴の１つに「認知プロセスの**外化**を伴う」ことがあげられる(溝上,2014)。前節の教授ストラティジーを学習サイクルとしてとらえるならば，教師は一貫して子どもの考えを表現，即ち外化させて，変容を促していると捉えられる。

　図 4.17 は，子どもが自然事象についての考え（イメージ，概念）を外化して，話し合いなどを通して精緻化し，それを内化する様子を表している。一方，教師の活動，即ち教授ストラティジーの例として，子どもの考え方の再認が埋め込んである。教師は子どもから出される「考えの再認（修正，補強，拡大）」を行って眼下の学習課題を焦点化したり，子どもの考えの精緻化を促進するのである。

　このように，子どもに考えを外化させ，そこでクラスメイトや教師との対話を通して子どもに考えの調整をさせることが大切である。本項では，子どもの考えの外化の方法について検討することとする。

> 学習サイクルとしての
> 教授ストラティジー
> ・子どもの学習実態の把握
> ・子どもの考えの引き出し
> ・子どもの考えの顕在化
> ・子どもの考えの再認
> ・知識の共有化の促進
> ・学習の振り返り

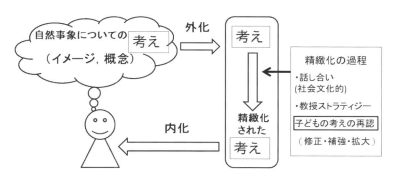

図 4.17「考え」の外化と内化

ホワイトらは，子どもの理解について探る道具，言いかえると「子どもの理解を探るために表現させる方法」としての以下の9つの **プローブ**（probe）を提唱している（リチャード・ホワイト，リチャード・ガンストン,1995）。これらは，子どもの思考を評価するための手法であると同時に子どもが思考する際の道具にもなり得る。

・概念地図法　・予測－観察－説明法　・事例面接法と事象面接法
・概念についての面接法　・描画法　・運勢ライン法　・関連図法　・単語連想法
・問いの生成法

　いずれのプローブが用いられるとしても，理科授業において大切なことは，子どもの科学概念の萌芽を見いだし，子ども自身の論理展開によって明確な概念として精緻化される過程にある。こうした理科授業を実現するための教師，子どもが考えを共有する手だての一つとしてこれらのプローブを位置付けたい。ホワイトらが提唱する9つのプローブは，子ども個々の思考を評価する際の手法になりうる。しかし，注意すべきことは子どもの学びは多様であり，あるプローブが明らかにするものは子どもに関する理解の一つの側面でしかないということである。その中にあって描画法は，子どもの回答に制限する度合いが比較的低いオープンな方法である。「描画により，他の調査手続きではわからない理解の質を，教師は知ることができるし，生徒は示すことができる。」（リチャード・ホワイト，リチャード・ガンストン,1995）

　描画法とは，子どもがある事象について理解していることがらについて絵を描かせることによって探る手法である。図4.18は，「笹の葉の葉脈は，平

図4.18　子どもが描いた平行脈の葉

行脈である」と学習した子どもが後に笹の葉の様子を描いたものである。このような子どもの理解は，文章による表現や選択肢による評価問題では捉えにくいも

表 4.4 プローブ（評価法）の例

プローブ	プローブの概略
概念地図法 （Concept Mapping）	概念地図とは，事物と事物，考え方と考え方，あるいは人と人との間に成り立つ関係について，私たちがどのように理解しているのかを探る手法である。
予測－観察－説明法 POE （Prediction- Obsavation Explanation）	この方法では，生徒に三つの課題を課しており，それによって理解について詳しく探っている。生徒は，まず，ある事象が引き起こす結果を予測し，その予測を正当化しなければならない。次に観察している事象に何が起きたかについて述べ，最後に，予測したことと観察したこととの間の矛盾を調和しなければならない。
事例面接法と事象面接法 （Interview about Instances and Events）	事例面接や事象面接は，熟練者が一人の生徒と行う対話である。そこでは，生徒の特定概念を適用する能力を調べたり，自然事象や社会的できごとについての解釈を調べたりするために，線画で表現されたある種の状況を彼らに示し，最初の質問で面接の焦点を定めることになる。
概念についての面接法 （Interview about Concepts）	概念に対する知識を引き出すためにデザインされた会話である。事実に関する知識に限定する面接者もいるかも知れないが，私たちは，それら知識を信念や意見，ストリング，イメージ，エピソード，しかもそれらが概念に関係するものならば，知的スキルや運動スキルにまで拡張することにしている。
描画法　（Drawings）	事象に対する考えを描画によって表現させる方法である。理解についてのプローブとしての描画法の目的は，描画法が「言葉－図」の尺度や「閉鎖的－開放的」の尺度の極端に位置することから生まれる。
運勢ライン法 （Fortune Lines）	運勢ラインは学習者の物語の理解を詳しく探るために，学習者に各場面での一つかそれ以上の変量を見積もらせてグラフ化させたものである。
関連図法 （Relational Diagrams）	関連図の中には，対象物の集合や事象の集合，あるいは，抽象概念の集合間の重なりの様子を示すために，閉じた図形が描かれる集合間の関係について，きちんとした理解を示した図である。
単語連想法 （Word Association）	単語連想法は，ある人が一組の概念に対して行う連想についての直接的なプローブである。通常，対象となる概念はあるトピックや教科・科目における基本用語であろう。人々は，与えられた言葉に対して，単語を次々と発し，あるいは記入することで回答を求められる。
問いの生成法 （Question Production）	生徒に授業の中で示された知識について生徒が考えていることを表したり，別の知っていることに拡張し，関連図付けている様子を表現させたりする。このことで，生徒の理解についての質的な側面を明らかにする。

のである。描画法の対極としての多肢選択テストは回答制限の一つの端的な手段である。短い言葉で答えられる質問になると少しオープンになり，論文体テストではいっそう広がりがでてくる。関連図法や運勢ライン法は，概念地図法（p .100 図 4.1 参照）と比べるとずっと限定的である。描画法は非常にオープンであって，子どもがどう回答するかに関してほとんど制限しない。だからこそ，思いもよらない理解を明らかにすることができる。閉鎖的な調査手法になればなるほど被験者の理解と調査者の理解とが調和する部分がいっそう制限され，より多くのものが他の部分に隠されたままとなる。

　下の図 4.19，図 4.20 は，氷砂糖が水に溶けるようすに対する子どもの考えを描かせたものである。それぞれ「水溶液」の単元の授業の前後に描かせたもので，同じ子どもの考え方の変容を見ることができる。事例 1 の子どもは，氷砂糖が溶けていくようすと「砂糖水は下の方が甘く，上に行くほど味がうすくなる」という日常知を結び付けている。また，シュリーレン現象を線で表している。授業後では，「目には見えないけど見えた場合」として粒子モデルが導入され，溶質，溶媒といった科学的な言葉を使って「均一」である説明がなされている。

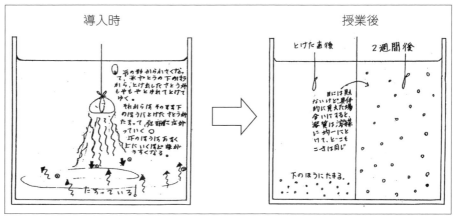

図 4.19　溶解に関する子どもの考え（事例 1 ）

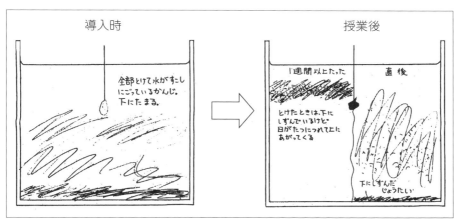

図 4.20　溶解に関する子どもの考え（事例 2）

　事例 2 の子どもは，「溶けた氷砂糖は，日がたつにつれて上に上がってくる」ということを学習したが，均一になるとは考えておらず，上が濃くなると考えていることがわかる。

　このように描画法は，子どもが持っている考えを教師にも，子ども自身にも明らかにする。そうした点で，授業開始前の子どもの考えを把握したり，子ども同士が考えを持ち寄って議論をする（**対話**）場面で有効である。また，前項で取り上げた教授ストラティジーを具現化する方法としても位置づくのである。即ち，子どもが明らかにした考えを教師がどのように形成的な評価として価値づけ，子どもの科学的な概念形成に寄与するか形成的な評価のサイクルに組み込むことが大切である。

❸ 科学概念をアクティブに活用しようとする子ども ▬▬▬

❸.1 ホワイトボードを活用した対話場面の工夫

　話し合い，発表などの場面においてホワイトボードを活用する場面が多く見られるようになった。それは，子どもが考えをホワイトボードに表現することで，お互いの考えの相違が明確化されたり，グループとして考えを創りあげることの有用性が認知されてきたことと重なると思われる。

　しかし，授業を観察してみると，話し合いが活発に行われず，グループの1人の意見のみで作られているような場面にも遭遇する。ホワイトボードの活用について，以下の内容や活用の視点が考えられる。

　① 発表の支援ツール

　② 話し合い活動（方法）の支援ツール

　③「考え」の外化→精緻化→共有化を具現化するツール

　上記の他にも指導者の意図によって様々な使い方が考えられるが，大切なことは，子どもが「ホワイトボード」をどのような点で便利なツールとして考えているかということである。

　図4.21は，小学校3年生が話し合い場面で初めてホワイトボードを囲んで話し合いをした結果を並べて貼った場面である。3年生の特徴として各自が意見を

図4.21　理科授業でのホワイトボードの使用

120

言いたいといった具合であり「それぞれが意見を書き始める（4人で分割して）」「まとめようとするが，うまくまとまらない」といった様子であった。

数か月後，同じクラスの授業を参観した際の活動では，多くの班で図4.22のように，班員4人の意見をそれぞれ出し合った後，中央のひし形部分に「つまり」という言葉をつけてまとめていた。学級全体の板書は図4.23のようである。

このように，各自の意見を明らかにし，全体を俯瞰して，まとめるという方法がクラスの文化として根付いていたのである。

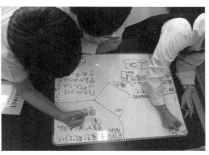

図4.22　意見をまとめる

図4.23　学級全体のホワイトボード

実は，初めてホワイトボードを使ったときに1つの班がこの方法を考えついていたのである。図4.21下段右から2つ目がそれである。こうした話し合いの方法の良さを教師が評価して取り上げ，子どもが同意してその方法を使っていたのである。

このように，ホワイトボードの活用にせよ，科学概念の表現にせよ，教師がいかにして評価し，学級の文化として定着させていくのか正に熟達した教師の腕の見せ所となるのではないだろうか。授業の前提としての学級文化を点検したいものである。

3.2 知識を新たな問題解決場面に意欲的に適用する

　子どもの学習動機にもとづいた自己調整学習が科学概念についての**深い理解**，即ちアクティブに活用できる科学概念の構築につながる。それは，教師が子ども個々の学習に対する目標，意欲（態度），目的，予想や必要感といった多様な学びの側面に視点を置くことで実現される。例えば，子どもは教師から提示された学習課題であっても，個々それぞれに目標，目的を設定することができるし，実際そうして学習を進めている。ピントリッチはこうした子どもの学習へのこだわりを「**学習を動機づける信念**（motivational beliefs）」の機能として説明した（Pintrich,P.R. et.al.,1993）。学習を動機づける信念とは，**自己効力感，内発的な価値意識，テスト不安**といった構成要素からなる (表 4.5)。こうした学習動機に基づく科学概念構築が必要である。

　さらに，ピントリッチは子ども固有の「学習を動機づける信念」を具体的に実現するものとして「**自己調整学習のストラティジー**（Self-Regulated LearningStrategies)」を位置づけた（表 4.6)。認知的方略は，子どもが思考をコントロールする際の概括的一般的技能である。学習の進捗状況の調整は，子どもが自らの学習の状況をメタ認知的に把握し，学習を進めるために為すべきことを考えることである。

表 4.5　理科と関連がある学習を動機づける信念の構成要素

学習を動機づける信念 (Motivational Beliefs)	
構成要素	説明
自己効力感 (Self-Efficacy)	学習をうまく進められるという確信
内発的な価値意識 (Intrinsic Value)	学習に対する価値意識の保持
テスト不安 (Test Anxiety)	意味ある成果をもたらせようとする意識

表 4.6　自己調整学習のストラティジーの構成要素

自己調整学習のストラテジー（Self-Regulated Learning Strategies）	
構成要素	説明
認知的方略の使用 Cognitive Strategy Use	・自分の言葉に言い換える。 ・情報を結合しようとする。 ・記憶しやすくするように学習したことを復唱する。
学習の進捗状況の調整 Self-Regulation	・学習課題を自問自答する。 ・学習課題を遂行するために受容すべき情報の質について考える。 ・学習課題を遂行するために必要な情報を吟味する。

このように，理科学習における子どもの科学概念構築は，「学習を動機づける信念」と「自己調整学習のストラティジー」が相互に関連し合いながらなされていくものと考えられる。学習を動機づける信念は，自己調整学習を動かす原動力でもあるが，具体的なその結果や成果がまた学習動機へとつながっていく。授業においては，このサイクルを生じさせることが大切である。

図 4.24 はこれを子どもの科学概念構築モデルとして表したものである。このモデルから，子どもが科学概念を構築する契機として機能する要因は，自己効力感や学習成果への期待といった「学習遂行への期待感」が一種の動機として機能していると推察できる。また，期待感に基づく学習を実現するために，学習内容

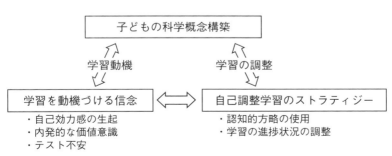

図 4.24　子どもの科学概念構築モデル

の言い換えや概括等の認知的方略，あるいは学習内容の自問自答，情報の吟味等の「自己調整学習のストラティジー」が働いていることも併せて考えられる（小野瀬・森本 ,2005）。また，ピントリッチは，こうした学習動機に裏付けられた科学概念構築を引き起こす条件の一つに「子どもにとって学習目標，目的，意図が明確であること」を挙げている。

　次に，これを意識して作られたワークシート（理科学習ガイド）について考えたい。ピントリッチの考えをワークシートとして具現化した実践事例として捉えられるが，授業の進め方や板書の仕方といった具体的な授業場面に置き換えて読み取っていただければと考える。

■.3　ワークシートの工夫

　ワークシートは理科学習ガイドと名付けた。それは，子どもの学習を進める案内役，即ちガイドをするという意味からである（小野瀬・村澤・森本 ,2008）。理科学習ガイド作成上のコンセプトとして，以下の点が盛り込まれている。

　① 単元の学習目標を明確にする。

　② 学習目標を達成するための学習の進め方を明確にする。

　③ 習得すべき知識・科学概念が学習終了後に明確化される。

　④ 現在の科学概念の理解の状況や科学概念の構築過程が明らかになる。

　①は，目標志向的な概念修正の明確化である。②は，子ども自身が学習を進めていくための支援の視点である。③は，単元の学習目標に照らして修得すべき基礎，基本事項の明確化である。④は，子どものメタ認知を促進する視点であると同時に，教師が子どもの学習状況を評価する視点でもある。ここでは，描画や文章の記述とともに，概念に対するこだわりの指標として，自分の考えに対する自信の度合いを自己評価させた。図 4.25（事例 1）は中学校 2 年単元「化学変化と分子・原子」において実践したものである。

理科学習ガイド 「化学変化と分子・原子」　No.2

2年 A 組　　番. 氏名　＿＿＿＿＿＿＿

第1章　物質の成り立ち
1-2　電流による分解「学習目標」

□(1) ここでは，水の電気分解の様子を動画モデルで表します。(分担決めます！)
□(2) 水の三態変化の動画モデルと同様ですが，良く討論して各自が納得できるモデルの作成を目指します。
□(3) モデルは，もともと分かりやすく伝える手段です。次のことを意識してください。
　　①「何は何を表しているか」を明確にする。　例：赤い ● は水の粒
　　② モデルに現れた数，色，大きさ，粒と粒の距離などの意味が明確か
　　③ 動きの意味（速い・遅い，動き方，向き）の意味が明確か
　　④ 誰かの意見にまかせていないか

課題1．実験1「水を電気の力で分解して発生する物質の種類と量を調べる」のまとめ

実験のプロセス

①水に電流を流した
②（ 十 ）極から（ 酸素 ）が発生した
③（ 一 ）極から（ 水素 ）が発生した
④発生した（ 酸素 ）と（ 水素 ）の体積比は
　　　　　　　　　　　　　　１：２

モデルとして必要なもの

電流（電子）　水
なんで、一極から水素　　理由
十極から酸素　　　では
体積比→１：２

課題2．まず，自分のモデルを考えよう。（　　　）分 → 発表

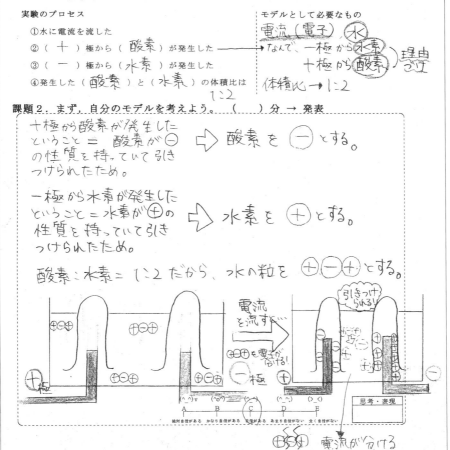

図4.25　理科学習ガイドの記入例（事例1）

図 4.25 において示した学習目標のうち，主要なものは，「(1) 水の電気分解の様子を動画モデルで表すこと」である。そして，この学習目標を達成するための学習の進め方は，「(2) 水の三態変化の動画モデルと同様ですが，よく討論して各自が納得できるモデルの作成を目指します。」と進め方を示している。

　自分の考えに対する自信の度合いでは，「自信がある」を挙げている。この後，グループでの討論を通して考えを変容させて行くことになるが，子どもにとっての自信は，クラスメイトとの関係の中で形成されていく。

　この理科学習ガイドは図 4.26 に示すように，家庭学習においても大いに活用されていた。このように日常作っているワークシートが振り返り活動に適したものか，検討すべき点である。

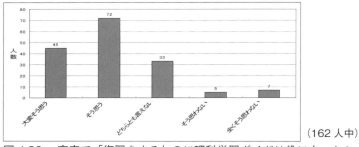

（162 人中）

図 4.26　家庭で「復習をする」のに理科学習ガイドは役に立ったか

　次に 2 つ目の事例として，観察，実験場面において，子どもの思考の流れに沿った理科学習ガイドの事例を示す。図 4.27 は，この理科学習ガイドの基本的な構造を示したもの（小野瀬・佐藤・森本 ,2012）であり，図 4.28（事例 2）は中学校 2 年「水の電気分解」における実践例である。また，以下に，その構造の詳細について説明する。

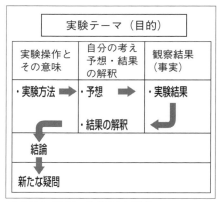

図 4.27　観察，実験における
　　　　　理科学習ガイドの構造

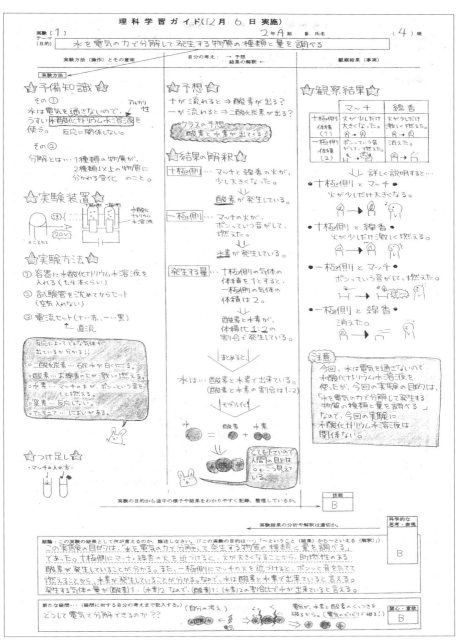

図 4.28　理科学習ガイドの記入例（事例 2）

(1) 実験テーマ

　単元の目標や授業の流れの中で実験のテーマ（目的）が決められる。ここでは，できる限り目的を具体的に記述するように促した。図では「水を電気の力で分解して発生する物質の種類と量を調べる」である。

(2) 実験方法

　既習事項や予備知識を確認した上で，実験テーマを解決すること「この実験で解決できるか」を念頭に実験方法の意味を考えながら記入するようにした。

(3) 予想

　実験テーマを理解し，それを調べるための実験方法を検討した上で実験結果についての予想させることにした（もちろん状況によって，テーマについての予想から実験方法の検討に入るなど，順序と内容は変わる）。

(4) 観察結果（事実）

　ここでは，事実と解釈を区別して記述するように促した。表枠を作るところまで実験前に作ることができれば，おおよそ実験内容が理解されていると考えられる。結果は言葉と表でまとめている。

(5) 結果の解釈

　この項目があることで，子どもは観察，実験の事実と，そこから得られる情報との関連を明確にすることが可能になる。

(6) 結論

　結果の解釈を踏まえて「結論：この実験の目的と結果として何がいえるのか。論述しなさい。（目的，予想，実験方法，結果，結果はどのように解釈されるのか）」という項目が設定されている。このことによって，子どもは実験全体の流れを俯瞰して最終的な結論を自分の言葉で表現することになる。文章表現を苦手としている子どもには，具体的な支援として，「この実験の目的は，〜であった。」という書き出しで書くように支援している。

(7) 新たな疑問

　結果から得られたことをもとにして，更に子ども自身により疑問を導出させるべく，項目「新たな疑問 … 疑問に対する自分の考えまで述べる」（以下，「新た

な疑問」と記す）を追加した。これを適切な視点から評価することにより，単元における子どもの学習動機を更に持続させることが期待される。図 4.28 では「どうして電気で分解できるのか」という疑問が書かれている。イオンの学習につながる視点である。

　以上が観察，実験における理科学習ガイドの構造の詳細である。観察，実験場面における理科学習ガイドは，実際の活動の順序と相違ないために，子どもに学習の流れ全体を俯瞰させていくことが可能となる。見た目の記述量は多いが，子どもの負担感は少なかった。さらに学習に関する「新たな疑問」を出させることで，子どもの学習の深化・拡大を期待している。

　事例 1 では，家庭学習に理科学習ガイドが役に立ったと肯定的に評価した子どもは約 72％であった。「問題を解いている時に，つまずいたら学習ガイドを見た」というように，理解のよりどころとする意見が見られた。事例 2 では，「学習の流れを子ども自身がつかみ，頭の中を整理するのに役だった」と報告された。ここでは，具体的な形としてプリントの構造として示したが，授業場面における教師の視点として，これまで述べられてきた内容が盛り込まれることを期待したい。

【引用文献】
P. グリフィン・B. マクゴー・E. ケア編（2014）『21 世紀型スキル』(三宅なほみ監訳), 北大路書房 ,123.
堀野緑・市川伸一 (1997)「高校生の英語学習における学習動機と学習方略」, 教育心理学研究 ,Vol.45,No2,140-147.
霜田光一他 (2015a) 『みんなで学ぶ小学校理科 3 年』, 学校図書 ,118-125.
霜田光一他 (2015b) 同上書 ,38-63.
霜田光一他 (2015c) 『みんなで学ぶ小学校理科 5 年』, 学校図書 ,31.
霜田光一他 (2015d) 同上書 ,135-153.
溝上慎一 (2014)『アクティブラーニングと教授学習パラダイムの転換』, 東信堂 ,7.
文部科学省 (2012)「新たな未来を築くための大学教育の質的転換に向けて (答申)」中央教育審議会 (用語集 .37)
文部科学省 (2000)「児童生徒の学習と教育課程の実施状況の評価の在り方について (答申)」教育課程審議会

森本信也 (1992)「学習論の変遷」,『理科教育学講座4』, 東洋館出版社 ,1-98.

森本信也・小野瀬倫也 (2004)「子どもの論理構築を志向した理科の教授スキームの分析とその検証」, 理科教育学研究 ,Vol.44, No.2.59-70.

Mortimer,E.F.(1995) *Conceptual Change or Conceptual Profile Change?*,Science & Education,4,Kluwer Academic Publishers,267-285.

小野瀬倫也 (2015)「理科授業における教授スキルの分析と検証」, 臨床教科教育学会誌 ,Vol.15,No.3,19-27.

小野瀬倫也・森本信也 (2005)「理科授業における子どもの概念プロフィールの変換に関する一考察」, 理科教育学研究 ,Vol.46, No.1,1-14.

小野瀬倫也・村澤千晴・森本信也（2008）「理科における自己制御的学習支援に関する研究」, 理科教育学研究 ,Vol.48, No.3,25-34.

小野瀬倫也・佐藤寛之・森本信也（2012）「理科授業において子どもが抱く疑問とその特徴に関する研究」, 理科教育学研究 ,Vol.53, No.1,13-27.

Pintrichi,P.R.,Marx,R.W.,and Boyle,R.A.(1993):*Beyond Cold Conceptional Change:*The Role of Motivational Beliefs and Classroom Contextual Factors in the Process of Conceptual Change,*Review of Educational Research*,Vol.63,No.2,Summer,167-199.

リチャード・ホワイト, リチャード・ガンストン (1995)『子どもの学びを探る』(中山迅・稲垣成哲 監訳), 東洋館出版社 ,128.

下村博文 (2014)「初等中等教育における教育課程の基準等の在り方について（諮問）」

田中希穂・山内弘継 (1999)「英語学習における動機づけと自己調整学習の関連」, 日本教育心理学会第 41 回総会発表論文集 , 日本教育心理学会 ,336.

上淵寿 (2004)『動機づけ研究の最前線』, 北大路書房 .6-7.

谷島弘仁・新井邦二郎 (1996)「理科の動機づけの因果モデルの検討」, 教育心理学研究 ,Vol.44,No1,1-10.

【読みたい本・参考になる本】

『間違いだらけの学習論』西村克彦，1994，新潮社

『みんなと学ぶ　小学校理科　教師用指導書研究編』2015，学校図書

第5章

ICT の活用によるアクティブに理科を学習する子どもへの支援

第 5 章　ICT の活用によるアクティブに理科を学習する子どもへの支援

　ICT（Information and Communication(s) Technology，情報通信技術）の発展は目覚ましいものがある。例えば，昨今では，通信機能を有するゲーム機のみならず，デジタルカメラや，Web 環境下で用いられるパーソナルコンピュータ（PC）・タブレット端末・スマートフォン等，子どもが多くの情報をやりとりすることのできる電子機器（ICT 機器）を実際に手にして利活用する場面が増えてきていることも周知の通りである。

　学校における ICT 機器の活用については，学習指導要領解説に ICT 活用に関する事項が明記されているだけでなく，文部科学省が 2010 年に公表した「教育の情報化に関する手引き」や 2011 年に公表した「教育の情報化ビジョン」においても「ICT 活用が教員の指導力に組み込まれることによって児童生徒の学力向上につながる」として，学習における理解を促進するためのツールとして活用することが提言されている。

　しかし，その一方で，経済協力開発機構（OECD）が 2016 年に公表した「21 世紀の ICT 学習環境」では，これまでの研究成果から「教育用 ICT に投資されるリソースは，読解力，数学的リテラシー又は科学的リテラシーにおける生徒の習熟度レベルの改善に結び付いていない」ということも指摘されている。（ただし，国際数学・理科教育動向調査（TIMSS 調査）の分析に関する論考にふれて，「理科ではコンピュータ利用の差異と『考えや情報を調べること』とは正の相関が，そのほかの利用（『技能や手順を練習すること』）とは負の相関がある」というように，正の相関が存在することにも言及している。）

　このように，ICT 活用が理科学習にもたらす教育的効果については様々な検証結果と見解があるものの，ICT 活用による理科学習は，子どもの科学概念構築に必要な能力を熟達させる一助となる可能性を秘めている。

　そこで本章では，今後さらに利活用が求められるであろう ICT の活用によるアクティブに理科を学習するための子どもへの支援について考えていきたい。

■ 子どものアクティブな理科学習への支援に寄与する ICT の条件

第 1 章で述べられているように，ブルーナー（Bruner,J.S.）の「（学習における発見を重視して）学習者を構成主義者にする」といった学習者観やサンゾ（Sanzo,K.L）らが分析した「学習の目標を自ら定め，その進捗状況を自己評価できる」といった学習者観にみる能動的な理科の学習者，すなわち，アクティブな理科の学習者を，どのように支援し育成していくべきか。

本節では，今後求められてくるであろう ICT 活用と関連のある，これまでの理科教育学や認知心理学等における研究成果と子どもの将来を見据えた学力観に関する所論を踏まえて，子どものアクティブな理科学習への支援に寄与する ICT の条件を考えていくこととする。

■.1 「社会的分散認知」という知識の構築とその情報源としての ICT 活用

これまでの ICT 利活用の状況について検討するために，平成 20 年 3 月改訂の学習指導要領における ICT 利活用の方針について，小学校学習指導要領解説の「指導計画の作成と内容の取扱い」の記述を基に振り返りたい。

表 5.1 は，小学校学習指導要領解説での ICT 活用に関する説明と活用可能な単元名をまとめたものである（文部科学省，2008a,2008b）。この時点において，小学校理科の学習指導において ICT を活用する場面とされているのは，「生命」や「地球」を学習の柱とした単元の学習に多いことが理解できる。

つまり，実際に観察，実験を通して学習することが難しい，あるいは時間・空間的に容易ではない自然の事物・事象に，ICT を活用した映像情報等を利活用することが提言されていた。無論，これらの目的での ICT 活用も，ICT の有効な活用方法の一つであり，現在では小学校学習指導要領解説の「指導計画の作成と内容の取扱い」に対応する形で，図 5.1 の例にあるように，静止画や動画等の映像情報の提示を容易にするデジタル教科書も導入されている。

そして，近年では，教師（授業者）が予め用意した教材を提示するだけでなく，表5.1の説明（下線部）の学習を深めていく過程で，図5.2に示すような学級での子ども同士のコミュニケーションを促進するための学習材としてのICT活用が求められ，また，実際に授業での活用が実践されつつある。

表5.1 これまでのICT活用に関する説明と活用可能な単元名（文部科学省，2008a,2008b）

小学校学習指導要領解説の「指導計画の作成と内容の取扱い」での説明
コンピュータや視聴覚機器などで扱われる映像情報については，それぞれの特性をよく理解し，活用することが大切である。例えば，第4学年「B(1) 人の体のつくりと運動」においては，骨格模型や人体模型などを中心にして学習が展開されることになるが，そこにコンピュータシミュレーションなどの動画を組み合わせることによって，骨と筋肉のつくりと動きの関係の理解の充実を図ることができる。また，第6学年「B(4) 土地のつくりと変化」においては，実際の地層の観察が大切なことはいうまでもないが，複数の視点からの地層の静止画を組み合わせることなどによって，一層の理解の充実を図ることができる。 　学習を深めていく過程で，児童が相互に情報を交換したり，説明したりする手段として，プロジェクタをはじめとする様々な視聴覚機器を活用することが考えられる。これらの機器を活用する場合は，その操作について適切な指導を心掛けることが必要である。

活用するもの	学年	単元名
映像情報など	3	B(3) 太陽と地面の様子
	5	B(4) 天気の変化
映像・模型など	4	B(1) 人のつくりと運動 B(4) 月と星
	5	B(2) 動物の誕生
	6	B(1) 人の体のつくりと働き B(2) 植物の養分と水の通り道 B(3) 生物と環境 B(5) 月と太陽
コンピュータシュミレーションや映像，図書など	5	B(3) 流水の働き
	6	B(1) 人の体のつくりと働き B(4) 土地のつくりと変化

図5.1 教科書でのICT活用
　　（霜田ら，2015）（デジタル教科書）

図5.2 教育の情報化に関する手引きでの
　　ICT活用イメージ（文部科学省，2010）

　さらに，従来の ICT 活用のあり方を理解した上で，今後の ICT 活用の意味を考えるとき，ハッチンス（Hutchins,E.）が提唱した社会的分散認知（socially distributed cognition）は有益な示唆を我々に与えてくれる。

　社会的分散認知とは，端的に言えば，理解における「分業」を示している。例えば，学習における共通（共有）の目標である「問い」の解決に向けて議論を展開し検証するような学級集団においては，たとえ，ある子どもにとって学習対象となる自然事象について未知であったり，捉え方に間違いが存在していたりしても，それらを補完するネットワークの構築がなされていれば，集団において知識が共有化されることになる。

　この社会的分散認知の考え方を理解するために，図 5.3 を示すこととする。図 5.3 は，この社会的分散認知の所論を援用して，森本

> **社会的分散認知**
>
> 多くのことがらに関して，複数のエージェント（agent）の間で認知が共有されていることがある。また共有されることなしには，目的が達成されないこともある。
> こうした事態を指して，ハッチンス（Hutchins,E.）は分散化された認知（distributed cognition）と呼んだ。文明や社会や技術等をはじめとする様々なものは，個人の力によって出来上がるものではなく，人々が集団として共同的に作り上げ，さらに洗練させていくことによって実現するという考えが，その背景にはある。

が示した「他者との関係の中でつくられるカリキュラム」を示した模式図と子どもの学びを支援する理科カリキュラムの条件を示したものである。森本は，図 5.3 の模式図を示し，子どもにとっての「理科カリキュラム」は「子どもの問いが必要とする情報に対してアクセスし，そしてそれらとの対話的な過程を経る中でその輪郭をあらわにしていく（もの）」であると説明した（森本，1999）。すなわち，図 5.3 は，学習者である子どもが「どのように学級集団の中にある情報源へ（インタラクティブに）アクセスするか」についての関係を表すものと読み替えることもできる。

　もちろん，ハッチンスや森本が「社会的分散認知」や「子どもの学びを支援する理科カリキュラムの条件」を提唱した頃は，学校現場での教授・学習活動に ICT の活用を念頭に置いていたわけではない。よって，ICT の活用の有無に依らず，図 5.3 における各情報源や具体的な情報へのアクセスは可能である。

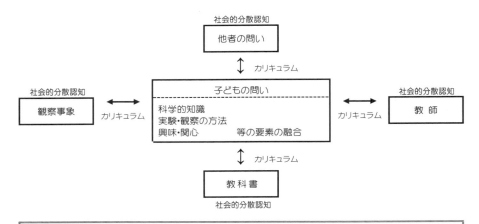

図 5.3 他者との関係の中でつくられるカリキュラムと満たすべき条件（森本，1999）

しかし，限られた授業時間の中で，様々な情報源に対話的にアクセスすることを可能にするためには，従来の授業における教授・学習方法を転換させていく必要もある。また，情報への即自的で自由なアクセスは，ICT が得意とする分野の一つでもあり，この点でも ICT 活用に光明を見いだすことができる。

　これまでの理科における対話的な授業では，子どもの考えやこれらを表現した「ことば」や「描画」をそのままの形で提示することや，授業場面以外で「他者（教師・子ども）の考え」や「観察，実験の様子」を振り返ることが難しいことも多くあった。ICT を活用した子どもと各情報源をつなぐネットワークの構築は，これらの課題を解決する一助になる可能性を秘めている。

1.2 これからの子どもに求められる能力の熟達を支援するための ICT 活用

　国内外において様々な子どもの学習状況に関する調査が実施されていることは，周知の通りである。これらの調査の中でも，経済協力開発機構（以下，OECD と記す）の生徒の学習到達度調査（以下，PISA 調査と記す）や国際教育到達度評価学会（IEA）が実施している国際数学・理科教育動向調査（TIMSS 調査）は，わが国の教育政策に大きな影響を与えていることもあり，PISA 調査での調査項目である読解力・数学的リテラシー・科学的リテラシーや，その背景にあるキー・コンピテンシー等の子どもに求められる能力観を示す「ことば」の概念規定や意味等も理解されつつあるのではなかろうか。

　学校現場においても，「PISA 調査は，知識や技能などを実生活の様々な場面で直面する課題にどの程度活用できるかを評価するための調査である」との認識が広くなされている。そして，下記の猿田の指摘にあるように，子どもの理科学習と密接に関連のある**科学的リテラシーに関する調査では，義務教育を通して習得した「科学的な表現」を子どもが行う能力を測定することが中心的な課題となっている**といえる。

> PISA では，科学的リテラシーを「周囲の環境と積極的に相互作用を行うリテラシーやスキル」と規定し，科学的な疑問を認識し，科学的証拠を用いて，「現象を科学的に説明すること」を主要な問題解決のプロセスとして位置付けている。したがって，PISA の科学的リテラシーにおいては，義務教育を通して習得した「科学的表現」を行う能力を測定することが中心的な課題となっている（猿田，2010）。

　また，PISA 調査では，これまでも子どもを取り巻く環境の変化に合わせて，コンピュータを活用した調査を取り入れてきた。例えば，2009 年実施の PISA 調査では，「自らの目標を達成し，自らの知識と可能性を発達させ，効果的に社会に参加するために，書かれたテキストを理解し，利用し，熟考し，これに取り組む能力」とされる「読解力」の調査の一部として，「書かれたテキスト」にインターネットやコンピュータ上でアクセスできるようなデジタルなテキストも含めたデジタル読解力（Digital Reading Assessment）も調査した。

そして，2012年実施のPISA調査では，コンピュータ使用型でも，読解力と数学的リテラシーについて日本を含む32か国で調査が行われた。この調査の際に，デジタル読解力の多くの問題で生徒に求めたことは，ブラウザにあるツールを使ってテキスト全体を検索し情報にたどりつくことであったが，コンピュータ使用型数学的リテラシーの問題は，ツールとしてコンピュータを使いこなす力よりも数学的な推論とプロセスが優先するように作成されていた（OECD，2016a）。このことからもOECDが必要と考えている能力の一端が読みとれる。

さらに，2015年実施のPISA調査では，情報通信技術（ICT）を切り離すことができない現代社会にあって生徒の知識や技能を活用する能力を図るため，また，よりインタラクティブで多様な文脈の問題を提示するため，コンピュータ使用型調査に移行され，科学的リテラシーの問題では，シミュレーションが含まれた新規の問題（図5.4は問題例）が出題された（国立教育政策研究所，2016）。

PISA調査でのデジタル読解力やコンピュータ使用型調査における考え方からは，**これから**

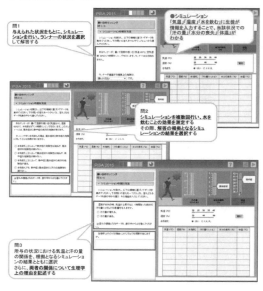

● 2015年調査における問題例

図5.4 コンピュータ使用型調査「科学的リテラシー」の問題例（国立教育政策研究所，2016）

の子どもには，ツールとしてコンピュータ等のICT機器を使いこなし情報にたどりつく能力だけが必要なのではなく，インタラクティブで多様な文脈の問題の解決を図るために，推論を活用したり，問題解決のプロセスを把握し調整したりする能力が求められていることが理解できる。

よって，理科学習におけるICT活用では，ICT機器を用いて学習のすべてをこ

なすことではなく，「子どもが受容すべき情報を見極めるために」，あるいは，「子どもの科学的な表現を発信し共有し修正するために」活用するというように目的を明確にすることが肝要である。そのことで，理科授業での ICT 活用が，子どもの能力の熟達を支援する一助となると考えることができる。

　上記の PISA 調査等が評価を試みている能力観，すなわち，OECD の「コンピテンシーの定義と選択：その理論的・概念的基礎（DeSeCo）プロジェクト」が規定した「キー・コンピテンシー（key competencies）」を基盤とした子どもの能力観とは別に，昨今，注目を集めている子どもの能力観の一つに，「21 世紀型スキルの学びと評価プロジェクト（Assessment & Teaching of Twenty-first Century Skills：ATC21S）」の 21 世紀型スキルがある。表 5.2 は，21 世紀型スキルとして ATC21S が概念規定した 4 領域・10 種類のスキルを示している。

　この 21 世紀型スキルについても，その能力の熟達を促すための ICT 活用を考えたとき，ICT という「ことば」だけで捉えるのであれば，仕事の方法（Way of Working）領域の情報リテラシーや ICT リテラシーの各スキルを熟達させる方略を検討すればよい。しかし，学級を子どもの社会生活の場と考えるのであれば，表 5.2 の 21 世紀型スキルのどの領域においても，直接的，あるいは間接的に関わりをもつのではないかと考えられる。実際に，**ATC21S においては，「協調的問題解決」と「デジタルネットワークを使った学習」を評価（明確化）すべきものとしており，ICT 活用による学びの分業と集約（共有），そして，それら活動の外化（顕在化・見える化）が必要とされている。**

表 5.2　21 世紀型スキルの 4 領域・10 スキル

領域	必要となるスキル
思考の方法	(1) 創造力とイノベーション，(2) 批判的思考・問題解決・意思決定，(3) 学びの学習・メタ認知（認知プロセスに関する知識）
仕事の方法	(4) 情報リテラシー，(5) 情報通信技術に関するリテラシー（ICT リテラシー）
仕事のツール	(6) コミュニケーション，(7) コラボレーション（チームワーク）
社会生活	(8) 地域と国際社会での市民性，(9) 人生とキャリア設計，(10) 個人と社会における責任（文化的差異に関する認識及び受容能力を含む）

また，ATC21S が評価を試みようとしている協調的問題解決について，グリフィン（Griffin,P.）らは「協調的問題解決」に必要な個人の能力を，表 5.3 に示した 5 つの要素からなるものとして規定している。（グリフィンら，2014）

表 5.3　「協調的問題解決」に必要な個人の能力の 5 つの要素

・グループ内のほかの人の考え方を理解できる力
・メンバーの一人として，建設的な方法でメンバーの知識・経験・技能を豊かにすることに貢献するように参加できる力
・貢献の必要性やどのように貢献すればよいかを認識できる力
・問題解決のために，問題の構造や解決の手続きを見いだす力
・協力的なグループのメンバーとして，新しい知識や理解を積み上げ，つくり出す力

この協調的問題解決という問題解決のあり方は，実験班のような小グループや小グループでの考えを学級全体で共有し，予想・仮説や観察，実験の結果，そして考察や学習問題（学習課題）に対する結論等で合意の形成を図ることの多い理科学習には，馴染みのあるものであるように思われる。

そして，**協調的問題解決に必要な子どもの能力を熟達させていくためには，必ずしも ICT 活用をしなければならないということはない。**

しかし，理科学習場面で ICT を活用することで，自分と他者の考えや観察，実験結果を素早く共有したり，他者に必要な情報を提供したり，また，自分と他者の考えを比較しながら問題の構造や解決の手続きを振り返ることもありえる。

この意味において，理科学習での協調的問題解決と ICT の活用は，将来を生きる子どもに必要な能力の熟達に寄与する可能性が存在している。

協調的問題解決

ATC21S が現在の社会・教育・経済の変化で注目されているスキル領域として評価（明確化）しようと試みたスキル（能力）の一つで，三宅らは，協調型問題解決の必要性を，以下のように説明している。

「一部の人が ICT を駆使して協調的に難問にチャレンジすればよい時代ではなく，一人ひとりが，自ら学び・判断し，他者とは違う自分なりの考えを表現し，他者と考えを交換して，それらを再評価し統合することが必要とされている。協調的な学びでは，学びのゴールも，一人ひとりにとっての解も，『1つ』ではない。協調的な学習が目指しているのは，多様で変化し続ける問題解決を可能にするスキルであり，我々が一生，育て続ける必要があるものである（三宅・益川，2014）。」

■.3 子どものアクティブな理科学習への支援に寄与する ICT の条件

　学校における ICT の活用については，学習指導要領解説に明記されているだけでなく，「教育の情報化に関する手引き」（文部科学省，2010）や「教育の情報化ビジョン」（文部科学省，2011）においても「ICT 活用が教員の指導力に組み込まれることによって児童生徒の学力向上につながる」として，学習における理解を促進するためのツールとして活用することが提言されている。

　その一方で，OECD が報告した「21 世紀の ICT 学習環境」では，これまでの研究成果から「教育用 ICT に投資されるリソースは，読解力，数学的リテラシー又は科学的リテラシーにおける生徒の習熟度レベルの改善に結び付いていない」ということも指摘されている（OECD，2016b）。

　ICT 活用が理科学習にもたらす教育的効果については様々な検証結果と見解があるものの，上述してきたように，ICT 活用による理科学習は，子どもの科学概念構築に必要な能力を熟達させる一助となる可能性をもつといえる。そこで考慮すべきことの一つが「社会的分散認知」という知識構築のあり方や「協調的問題解決」であった。子どものアクティブな理科学習への支援のための ICT 活用を検討する際には，図 5.5 に示すように，学級内において様々な形で表現される子どもの学びや提供される情報を，ICT を活用して，即自的でインタラクティブに共有させていく学習環境の場づくりが必要となると考えられる。

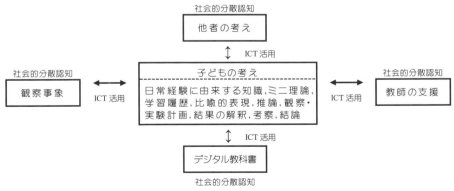

図 5.5　子どものアクティブな理科学習での ICT 活用の考え方

前出の通り，小学校学習指導要領解説においても，「学習を深めていく過程で，児童が相互に情報を交換したり，説明したりする手段」として ICT 機器を活用することの記載があったが，学習場面での具体的な支援の手立てを検討するうえでは，この提案は漠然としたものであった感は否めない。

この提案の授業場面での実践を考える際に，サンゾ（Sanzo,K.L）らの所論を基にして森本が提言している「アクティブな理科の学習状況（表 1.1）」に表 5.4 のように「ICT 機器の活用場面」を組み入れてみると，子どものアクティブな理科学習への支援に寄与する ICT 活用のあり方の一端が見えてくる。

子どものアクティブな理科学習を支援するためには，子ども自身が見通しをたて計画的に学習する場面で活動内容や学んできたことを説明でき，協働的問題解決場面で他者と協働して情報収集ができ，かつ，学習成果の共有場面で自他の考えを解釈・吟味できるような ICT 活用環境の構築が必要とされている。

表 5.4 子どもがアクティブに学習している状況と ICT 機器の活用場面

	アクティブな学習状況 （サンゾ（Sanzo,K.L）ら）	アクティブな理科の学習状況 （森本）	ICT 機器の 活用場面
見通しをもって計画的に学習する	・今何を学習しているのかを説明できる。	・予想，観察，実験，結果のまとめ，考察等，問題解決のどの活動をしているのかを説明できる。	・活動内容について ICT 機器を用いて説明する。
	・学習を進める手順を説明できる。	・ノートやワークシートの記録から，現在の学習の状況を説明できる。 ・予想→観察，実験計画，結果→考察等活動の関係性から活動の手順を説明できる。	・自分の考えや学んできたことを，ICT 機器を用いて提示し，説明する。
協働的に学習をする	・学習を進める上で困っていることを解決するために他者から情報を得ようとする。	・観察，実験の実施，結果の解釈，考察等を行うために，話し合いによりクラスの仲間や教師から情報を収集する。	・様々な情報を協働的に収集する（情報を交換する）ために，ICT 機器を用いる。
学習の成果を適切に表現できる	・学習の進み具合について具体的な方法を示しながら説明できる。	・結果を表やグラフでまとめる，学習の成果を描画，概念地図，ことば等により示すことができる。	・観察，実験結果を，ICT 機器を用いて共有する。 ・ICT 機器を用いて学習の成果を記録・保存する。
	・学習全体を振り返り，説明することができる。	・ノートやワークシートの記録から，科学概念を理解するために必要とされた活動を説明することができる。例えば，予想（見通し）→観察，実験の計画・実施・結果の整理→考察の過程を説明できる。	・ICT 機器を用いて収集した情報（観察，実験結果・他者の考え）や学習の成果を共有し，合意形成を図る。

２ ICT の活用により活性化する子どもの理科学習

　子どもの身のまわりにある家電や電子機器には，情報通信技術を取り入れたものが多くあり，ICT 機器の範疇は幅広い。本節では，数多くある ICT 機器の中から，理科授業場面での利活用が可能な ICT 機器の種類・名称と特徴や活用場面について確認し，授業場面での ICT 活用により活性化する子どもの理科学習を，その活用場面から考えていきたい（佐藤，2009：佐藤，2015）。

２.1　ICT 機器の種類とその具体的な活用場面

① 情報入力機器（表 5.5）

　理科授業において自然からの情報を取り入れるための ICT 機器としては，まずはデジタルカメラやデジタルビデオカメラが挙げられる。デジタルカメラは草花や岩石等の静止している物体の静止画を，デジタルビデオカメラは流水の様子等の実験室では再現が難しい連続的な自然現象の変化のようすを動画として記録し，理科授業における教材として活用する際に役立つ。

　また，デジタルカメラを用いて子どものノートやワークシートにある考えや意見の即時的な記録したり，デジタルビデオカメラを用いて授業における子ども同士の話し合い（議論）を記録したりすることで，子どもの学習場面の考え等を，その後の授業に生かすことも可能にする。

　最近では，カメラとビデオの両方の特性を併せ持ち，かつ，パーソナルコンピュータ（以下，PC と記す）での画像や映像の編集等が可能なタブレット端末やスマートフォンを活用する授業も散見される。それらの機器の携帯性や操作性の良さから，新たな授業での活用場面や活用法の創出が期待されている。

　そのほかにも，イメージスキャナや書画カメラ（教材提示装置）からも情報を取り入れ，理科の教材や教具として活用することも多くなってきている。イメージスキャナは，図鑑や資料集等の印刷物や写真を画像として取り込む ICT 機器で，PC と連携させることで資料やワークシート等の教材を作成したり，授業後に子どものノートやワークシートを読み取ったりすることで，学習の履歴を保存する

ことに役立つ。

　そして，書画カメラ（教材提示装置）は，テレビやプロジェクタと接続することで実物をそのまま投影することが可能なので，校内観察で採取した草花等を学級全体で観察の視点を共有しながら観察したり，また，授業中の子どものノートやワークシートにある考えや意見を即時的に見せたりすることで，子どもの学習活動における意見交換の際の情報源として役立たせることも可能となる。（書画カメラにも画像を記録メディアに保存できるものがある。）

表 5.5　ICT 機器の種類と名称，その特徴や活用場面について（その１）

種類	名　称	特徴や活用場面等
情報入力機器	デジタルカメラ	・草花や岩石等の静止している物体の静止画を撮影し，授業における教材として活用できる。 ・子どものノートやワークシートにある考えや意見の画像を撮影し記録することで，子どもが表出させた考えを即時的に提示する際に活用できる。
	デジタルビデオカメラ	・流水の様子等の実験室では再現が難しい連続的な自然現象の変化のようすを動画として撮影し，授業における教材として活用できる。 ・授業における子ども同士の話し合い場面を記録することで，子どもが表出させた考えを提示したり，振り返ったりする際に活用できる。
	イメージスキャナ	・図鑑や資料集等の印刷物や写真を画像として取り込むことで，授業で使う資料やワークシート等の教材を作成することができる。 ・授業後の子どものノートやワークシートを読み取ることで，学習の履歴を保存することに役立てることもできる。
	タブレット端末，スマートフォン	・デジタルカメラと同様に，子どものノートやワークシートにある考えや意見の画像を撮影し記録することで，子どもが表出させた考えを即時的に提示する際に活用できる。 ・LAN 環境やアプリ等を利用して，考えや意見を紙等にではなく，直接書き込むこともできる。Web 環境があれば，調べ学習に活用することもできる。
	書画カメラ，教材提示装置	・テレビやプロジェクタと接続することで，校内観察で採取した草花等を学級全体で観察の視点を共有しながら観察することができる。 ・授業中の子どものノートやワークシートにある考えや意見を記述されたまま見せることで，子どもの活発な意見交換を促進することもできる。

註）上記以外にも，キーボードやマウス等の入力装置を介した PC は情報入力機器として重要な役割を担っている。そして，タブレット端末・スマートフォンや電子黒板等は，情報の入力機器と出力機器の両方の特徴を兼ね備えている。

② **情報出力機器**（表 5.6）

　理科授業において取り入れた情報を出力するための ICT 機器としては，テレビ（プラズマディスプレイ）・プロジェクタ等がある。テレビ（プラズマディスプレイ）やプロジェクタについては，現在では多くの学校で導入されて活用されているので，その活用方法に関する詳細な説明の必要はないが，HDMI 端子や RGB 端子を介して PC の画像を表示するといった PC のディスプレイの一つとしての活用が，多くの学校現場で行われている。

　また，前出のタブレット端末や電子黒板（電子ボード）も学校現場への導入が進んでいる ICT 機器の一つである。プロジェクタや PC（あるいは，タブレット端末等）を接続して授業前に取り入れた情報を出力（表示）しながら，新たに電子黒板に文字を記入したり描画したりすることができることが利点の一つだが，現状では従来からある黒板と併用させることにより，より多く効果をもたらす教具としての活用が期待されている。

表 5.6　ICT 機器の種類と名称，その特徴や活用場面について（その 2）

種類	名 称	特徴や活用場面等
情報出力機器	テレビ（ディスプレイ）	・教室を明るくしたままで，デジタルカメラ・デジタルビデオカメラや書画カメラ等で得た画像や，DVD や VHS ビデオ等の従来の録画・再生機器からの映像を投影することができる。
	プロジェクタ	・テレビと同様の機器と接続し，より大きな画面をスクリーンに投影することができる（ただし，音声は出力できないものが多い）。近年では性能の向上に伴い，教室を暗くしないでも画像を投影することができるようになってきた。
	タブレット端末，スマートフォン	・撮影したり，記録した子どものノートやワークシートにある考えや意見の画像を表示したりすることで，子どもが表出させた考えを即時的に提示し共有する際に活用できる。
	電子黒板（電子ボード）	・プロジェクタや PC を接続して授業前に取り入れた情報を出力（表示）しながら，新たに電子黒板に文字を記入したり描画したりすることができる（子どもにとって必要な情報を加筆・修正することできる）。
	ポスタープリンタ	・実験の目的や方法を示す際や，子どもの学習履歴をまとめた大きな掲示物を作成することができる。

註）上記以外にも，教材印刷用のプリンターや印刷機・コピー機等も情報を出力する機器として重要な役割を担っている。そして，タブレット端末・スマートフォンや電子黒板等は，情報の入力機器と出力機器の両方の特徴を兼ね備えている。

③ 録画・再生機器（表 5.7）

　従来からあるビデオ等の視聴覚機器も ICT 機器としての役割を担っている。
これらの機器は HDD・BD レコーダ等の録画・再生機器と DVD・BD プレーヤ
の再生機器に大別することができるが，学校現場では，動画の再生機器が PC や
タブレット端末に変わりつつある。テレビ放送や視聴覚教材には，理科学習の導
入場面に適する興味深い内容や理解に役立つ内容のものも多く，適宜，編集する
ことで見せたい内容を決まった時間だけ見せる教材作りも可能となる。

　さらに，情報入力機器と連携することで，作成した魅力的な教材を保存してお
くことや子どもの学習活動の履歴を改めて振り返ることにも役立つ。

④ 情報処理機器（表 5.7）

　ICT 機器の教材・教具としての活用に際して，その連携の中核をなすのが PC
やタブレット端末であることはいうまでもない。

　PC やタブレット端末は，教材の作製のための情報出入力機器としてだけでな
く，PC を使用せずに学校教育現場における教育活動を遂行するのは難しくなっ
ているといえるほど，情報処理機器としての役割も大きくなっている。

表 5.7　ICT 機器の種類と名称，その特徴や活用場面について（その 3）

種類	名 称	特徴や活用場面等
録画・再生機器	HDD・BD レコーダ	・理科学習場面において興味・関心を引き出す内容や理解に役立つ内容のテレビ放送や視聴覚教材を視聴することができる。また，編集が可能なものは，見せたい内容を効果的に見せることもできる。
	BD・DVD プレーヤ	・デジタルビデオカメラ等の ICT 機器との連携により作成した教材を保存しておくことや，学習活動の履歴を振り返るときにも役立つ。
情報処理機器	ノート PC タブレット PC	・ICT 機器の教材・教具としての活用に際して，その連携の中核をなすもの。教材の作成に関する情報入出力機器としてだけでなく，情報処理機器としての役割も大きい。
	タブレット端末	・子どもが実験結果をまとめた表・グラフを作成したり，発表のためのプレゼンテーション・スライドを作成したりする際に，活用することができる。

❷.2　授業におけるコミュニケーション促進ツールとしての ICT

　理科授業において，子どもと教師や子ども同士のコミュニケーション活動は，発問とその返答，板書による発言内容の共有，小グループにおける話し合いや学級における話し合い等の学習活動を通じて行われている。しかし，これらの理科授業場面における学習活動は，子どもの様々な考えに対する臨機応変な対応の難しさや時間的な制約等もあり，授業を実践する教師自らが満足するレベルで行われてきたとは必ずしも言い難いのが現状での課題ではなかろうか。

　実際に，子どもの考えを表出させる時間は確保できたとしても，教師自身がそれらを集約し把握する時間や，学習が行われている学級全体での議論するための前提となる情報を共有する時間の確保には，相当の工夫が必要となる。このことは，授業が予め想起されたように展開するのではなく，子どもの興味や関心に従い，理科授業における展開が変化することからも，上記のような時間の確保が難しいことが容易に理解できる。

　そこで，ここでは，授業におけるコミュニケーション促進ツールとしての ICT 活用の可能性について考えていきたい。

　理科授業での学習場面においては，本時の学習問題（学習課題）についての子どもの理解を促進するために，従前では，予め用意された模式図等の教材を板書や模造紙等に書き（描き），子どもに提示されることが多くあった。そのために，教材研究の段階で，板書する際の時間を考慮したり，模造紙等による教材を作成したりするための時間も，教師の教材研究の一つとして捉えられてきた。さらに授業場面において，提示された模式図に理解を促すための注釈や子どもの意見・考え等を書き入れることも想定しているのであれば，それらの活動に応じた時間も必要となる。

　ICT 機器を活用した場合，予め用意した画像等を電子黒板（スクリーン，ホワイトボード）や TV モニター画面に瞬時に映し出すことができる。また，その画像を利用し子どもが必要と考える情報を子ども自らの文字や絵で付け足して作り上げた，学級独自の模式図を書画カメラ・デジタルカメラやプレゼンテーション機器を用いて記録することも可能である。そして，学級全体で作りあげた模式図

等を後で配布することを伝えておけば，子どもは板書を書き写すことよりも，模式図づくりのための議論へ積極的に参加することにつながるであろう。

　また，教材提示の場面だけでなく，観察，実験を通して得た結果や自分なりに導いた考え（意見）の共有場面においても ICT 機器の活用に可能性が見いだせる。（このような授業の活用場面については，後述する。）

　これまでにも子どもの考えを重視した授業は数多く展開されてきた。しかし，子どもが書いた文字や図や絵で表現した通りに，その考えを学級全体に提示することは即時的には難しい。また，小グループでの話し合いの結果（班での考え等）をまとめたものも，すべての考えが提示できるように，文章表現での提示を子どもに促す場面が多くあった。

　自然事象への子どもの考えやイメージ等は文章（ことば）も勿論だが，描画した絵図（モデル図・イメージ図）の中にもあり，そこに表現された考えをそのままみることで，はじめて子どもの考えを基にしたコミュニケーション活動が活発なものとなる。よって，上述の方法と同様に，ICT 機器を利用して子どもの考えが書き込まれたノート等を拡大して提示し，子どもの考えを共有することは，学習問題を解決していくプロセスを振り返る手助けとなる。また，議論の途中で，簡単に以前の考えを思い起こすことができることも，ICT 活用の利点であるといえる。

図 5.6　ICT 機器を活用した実験
　　　　結果の共有（中学校）

図 5.7　ICT 機器を活用した子どもの考えの
　　　　共有（小学校）

2.3 子どもの学習履歴記録としての ICT 活用

　このほかにも，ICT 活用の利点の一つには，学習活動の記録を様々なメディア
に保存し，必要な時に再度提示することが比較的容易であることがあげられる。
これまでも紙媒体を中心に学習活動の記録を履歴として残しておくことは可能で
あったが，ICT を利用することにより，単に個人の活動の履歴（記録）を残すだ
けではなく，それらを活かした新たな学習活動を導き出すことができる。

　子どもの学習活動の記録を履歴として保存する場合に最も利用し易い ICT 機
器として，書画カメラやイメージスキャナをあげることができる。現在市販され
ている多くの書画カメラやイメージスキャナでは，取り込んだ画像を写真のよう
な JPEG 等の画像圧縮形式で保存するものばかりではなく，より高圧縮・高品
位の PDF というファイルに変換して保存できる。（PDF ファイルでは，パスワー
ドを設定することでセキュリティ面も強化できる。）

　さらに，原稿自動送り装置
（ADF）のついたスキャナを使
用すれば，学級全員のワーク
シートを数分で読み取ることも
可能である。このようなスキャ
ナを PC やネットワーク HDD
（NAS）等の記録装置やプロ
ジェクタと接続すれば，授業時
間内にワークシート等にある学
習活動の記録を読み取り，その
後の授業で活用することも可
能である（授業終了後にワーク
シートを回収し，返却する必要
が少なくなる）。

【※ノート等の冊子状の学習活
　　動を記録する場合には，書

ネットワーク HDD
（NAS：Network Attached Storage）

ネットワーク HDD とは，ネットワーク（LAN）上に接
続することができるハードディスクのことで，ネットワー
クに接続された記憶装置という意味で NAS（Network
Attached Storage）という略称で呼ばれることもある。
ネットワーク HDD はネットワーク（LAN）上に接続さ
れているので，複数の端末（PC・タブレット端末）か
らのアクセスが可能である点が一番のメリット（利点）
であり，NAS 上に画像やそのほかにもデータを記録
していれば，複製をしておかなくても，どの端末から
も情報を閲覧することが可能である。
しかし，上記のメリットは同時にデメリット（欠点）に
もなりうる。インターネットと接続したネットワーク環
境では，個人情報の流出の危険性もあり，学校での
利用については，個人情報保護の観点に留意し，利
用することが必要な ICT 機器でもある。（教室内，あ
るいは学校内だけの閉じたネットワーク環境で用いる
ことでも，上記の利点を生かすことは可能。）

画カメラ等を使用すれば，同様に可能である。】

　また，これまでは個人用のファイルを学級の子どもの数だけ用意し，ファイリングする等して保存していた学習活動の履歴も，ICT 活用で効率よく整理が可能となる。そして，それらの記録を保存したメディアと情報を読み取る PC 等の環境が整っていれば，いつでも学習活動の履歴を振り返ることができる。見たい子どもの記録へすぐにアクセスできるので，子どもの学習活動に関する様々な情報の把握（評価）にも ICT の活用は役立つ。

　そして，個人の学習活動の履歴を保存という観点からだけでなく，前項で述べた活用例のように，子ども自らの文字や絵で付け足して作り上げた学級独自の図表等も学習活動の履歴を残していくことが可能なので，「学習のまとめ」としての掲示物づくりにも ICT 活用の効果を発揮することができる。勿論，実際に子どもが PC を使用して作成してもよいが，仮に PC で作成しなくても，学級全体でつくりあげた図表を印刷物として配布したり，観察，実験の様子や結果等の画像を写真や印刷物として配布したりすることだけで，学習における作業の効率は格段に向上する。

　これまでに述べてきた ICT 活用の可能性からも明らかなように，**ICT 機器の利用はティーチングマシンとして単に教師の活動の代わりを目指したものではなく，教師と子どもとの間で築いていく学習活動を補完するものにほかならない。つまり，これまでに使用してきた教材や教具にすぐに置き換わるものであるとは考え難い。**教師が子どもの理解を促進するために，必要に応じて最適な教材や教具を選択するのは今までと同様ではあるが，これまでの教授・学習活動における課題を克服する可能性を理科授業における ICT 活用は秘めている。

　そして，理科における学習活動の内容面から鑑みても，今後の授業における更なる ICT 機器の適切な活用が期待されている。

参考 | **ICT（PC 環境とソフトウェア）を活用した理科教育学に関する研究**

　主に PC 環境とソフトウェアを活用し，子どもの科学概念構築の様態を把握することや理科の学習場面における協同（協働）学習を促すことを目的とした教育実践やそれらに基づく研究が，これまでにも多く実践されてきた。

　ここでは参考として，いくつかの研究について，研究概要等を紹介する。

①子どもの学びを探るために ICT を活用した研究

　子どもの学びを探るために理科教育学の研究で用いられる研究手法（プローブ）には，概念地図法，予測 – 観察 – 説明法（POE 法），事例面接法・事象面接法，描画法，運勢ライン法等の様々な手法がある。

　上記の子どもの学びを探るための研究手法（プローブ）のうち，表 5.8 に示すように，稲垣・舟生・山口らの研究グループは「コンセプトマップ（概念地図）法」や「運勢ライン法」を，また，中山・林らの研究グループは「描画法」を，PC 上もしくは，同等の ICT 機器を上で，実行できるソフトウェアを開発し，それらの有用性の検証と，授業実践等で活用することで子どもの学びの様態を探ることを試みている。

　「概念地図法」や「描画法」のソフトウェアの開発に共通することは，作成過程の再生機能や修正機能を実装していることであり，学習者である子どもが学習を通じて，どのように自分の考え等を変容させてきたのかを，自身で振り返られることである。

②子どもの考え・気づきやコミットメント等の共有に ICT を活用した研究

　理科学習場面において，他者の考え・気づき・コミットメント等は「ことば」やそのほかの表現による外化が行われることで共有されることが多い。しかし，学級内の子どもの「ことば」等のすべてを即時的に把握したり，共有したりすることは難しい。そこで，加藤・舟生・鈴木らの研究グループが開発した CSCL（Computer Supported Collaborative Learning）システムを，久保田・平澤らの研究グループが用い，他者から得られる有益な情報が子ども自身の学習活動にどのような影響をもたらすのかを検証している。

　また，このような他者の内言の外化と共有化という意味においては，「デジタル運勢ラインシステム」等の研究も，同様の考え方に基づくといえる。

表 5.8　ICT（PC 環境とソフトウェア）を活用した理科教育学に関する研究

ICT を活用した研究	研　究　概　要
再構成型コンセプトマップ作成ソフトウェア "あんどう（undo）君"	稲垣・舟生・山口らは，科学教育において，学習者による知識の外化を支援し，その理解を深めさせる道具として活発に利用されている Novak,J.D のコンセプトマップ（概念地図）に着目し，そのコンセプトマップをコンピュータ上で作成するためのソフトウェア（"あんどう（undo）君"）を開発し，教師の評価から有用性を検証実施した。 このソフトウェア（"あんどう（undo）君"）には，コンセプトマップの作成過程の保存と再生機能があり，作成過程の任意の時点に遡って修正もすることができる。現場の小学校教師からは，その有用性や授業での利用可能性について肯定的に評価され，その活用の意義が高く評価されていること等が報告されている。 【論文】 稲垣成哲・舟生日出男・山口悦司（2001）「再構成型コンセプトマップ作成ソフトウェアの開発と評価」，科学教育研究，25(5)，304-315 ほか
反復再生可能型描画ソフト "Polka" 簡易動画作成システム "Galop"	中山・林らは，子ども（児童・生徒）が自然事象・現象について科学モデルを使って考え，事象・現象に対する考え方を深めていく様態を学習者自身や授業者が把握するために反復再生可能型描画ソフト Polka や簡易動画作成システム Galop を開発した。 Polka や Galop は，児童・生徒の考えを絵で表す描画法を子どもの考えを探る手法として用いている。これらのソフトウェアには再生機能があり，作成途中の自分の描いた絵を振り返りながら，部分修正や履歴の再生を行うことができる。 【論文】 中山迅・林敏浩（2005）「描画と振り返りによってモデル的な思考を促す反復再生可能型描画システム Polka」，日本理科教育学会全国大会要項，55，69-70 ほか
同期型 CSCL システム "Kneading Board"	Kneading Board（KB）とは，PC ネットワーク上で画面共有し，協同で知的産物を構築することを支援するための同期型 CSCL システムであり，加藤・舟生・鈴木らは，模造紙を取り囲みながら，アイディアを書き込んだり話し合ったりしながら，一緒に考えや理解を深めていくような活動を PC 上で行うことを目指して，KB を開発した。 平澤・久保田らは KB を理科授業で用いて，アウェアネス（気づき）支援の実態を調査した。調査の結果，学習者は目的のアウェアネス情報に即座にアクセスでき，自らの実験活動の再認識や改善が行われた。 【論文】 平澤・久保田ら（2008）「同期型 CSCL システムのサムネイルによるアウェアネス支援の研究：小学校 6 年生『水よう液の性質』の班別実験活動から」，日本教育工学会論文誌，31（Suppl.），49-52 ほか
デジタル運勢ラインシステム	稲垣・舟生らは，「概念生態系モデル」を援用し，理科教育の実践研究において広く利用されてきている運勢ライン法のデジタルシステムを開発した。このシステムでは①学習者が自分自身のコミットメントを表現する，②学習者同士がお互いのコミットメントを参照する，③教師や学習者がコミットメントの変化を把握するという 3 つのことを可能にすることで，「コミットメントの可視化・共有化」を図ることを試みている。 【論文】 稲垣・舟生ら（2011）「デジタル運勢ラインシステムの開発と評価」，理科教育学研究，51(3)，33-46 ほか

3 子どものアクティブな理科学習を具現化する ━━━ 授業デザイン

　これまでの国内外の子どもの学習状況に関する調査（例えば，OECD の PISA 調査や文部科学省の特定の課題に関する調査（理科）等）により明らかとなった理科学習における課題を克服するために改善すべき点は，既に平成 20 年改訂の学習指導要領の改訂の要点等として整理されており，現在では，授業実践による改善が様々に試みられている。例えば，小学校理科では，子どもが問題解決の過程を通して「自然の事物・現象についての新しいイメージや概念などを，より妥当性の高いものに更新していく」（文部科学省，2008c）のように，子どもの科学概念構築において，どのように子どもの学びを深化・拡大させていくべきかが具体的に示されているものもあるが，このような子どもの学びの姿を目指すためには，まず，子ども自身が自然の事物・現象についての自分の考えやイメージを表現する場面と，それらについての他者を交えて具体的に評価し合う場面の確保が理科授業においても求められている。

　また，前出の通り，小学校学習指導要領解説の「指導計画の作成と内容の取扱い」や文部科学省が公表している「教育の情報化に関する手引」「教育の情報化ビジョン」においても，ICT 機器を活用して，他者だけでなく自己とも対話していくことを目指した授業デザインと授業実践が提言されており，現在では，ICT を活用した授業が多く学校現場で実践されている。

　しかし，単に「子ども自身が自然の事物・現象についての自分の考えやイメージを表現する場面と，それらについての他者を交えて具体的に評価し合う場面」を確保することや，「ICT 機器を活用して，他者だけでなく自己とも対話していくこと」を授業実践に取り入れることさえすればよいのではない。**これからの理科授業デザインとその実践には，「協働的問題解決」や「協働的な学習」を授業に取り入れる視点や，サンゾらや森本の所論における学習者観のベースにある学習における「メタ認知（meta-cognition）」のもつ各機能と「自己調整学習（Self-Regulated Learning：SRL）」に関する理解，そして，それら**

を有機的に組み入れた子どもの学習活動を支援する「形成的評価（Formative Assessment）」のあり方を検討していくことも必要になってくる。

　そして，上記の授業デザインとその実践のための要素を授業での学習活動に取り入れようとする時，ICT 機器の効果的な活用は，子どものアクティブな理科学習の手助けとなりうる。ただし，現状において，各学校での ICT 機器の整備環境や，それらを用いて授業を展開した時の授業者（教師）や学習者（子ども）の ICT 活用スキルは必ずしも同じであるとはいえず，それゆえに，理科授業での ICT 活用のレベルも様々であることは否めない。

（注：現在の個々の授業者（教師）や学習者（子ども）の ICT 活用スキルの熟達度を問題にしているのではない。それぞれが可能な範囲で ICT を活用した活動等を取り入れるだけでも，「学習内容に対する興味や関心を高める」「時間を有効に活用する」「子どもの考えを，ありのままの表現で共有する」といった教育上の効果が認められるのではないかと考えていることは，前節で述べた通りである。むしろ，学校現場において「授業での ICT 活用」が求められる場合，授業者に期待されているレベルが高すぎると感じることも多い。）

　さらに，実際の理科の授業場面では，子どもが学習問題（学習課題）に対する結論を導く根拠（子どもの科学概念構築において不可欠な情報）となりうる「観察，実験」等の学習活動も重視されている。そのため，あまり考え難いことではあるのだが，理科授業で ICT 機器やデジタルコンテンツを駆使した「ICT 活用」を行うだけでは，（活動が能動的であったとしても）子どもがアクティブな理科学習をしたと考えることは難しい。

　そこで，本節では，学習者（子ども）の自己調整学習過程を念頭に置き，それを支援する授業者（教師）の教授活動の「ある場面（授業構成要素）」に ICT を活用した授業実践事例を示す。これらを基にして，ICT を活用したアクティブな理科学習を具現化する授業デザインとは，どのようなものであるかを考えていきたい。

■3 .1 理科教授スキームと ICT 活用

① 自己調整学習を支援する理科の教授スキーム

　森本・小野瀬（2004）は，「子どもによる科学概念の構築過程の評価は構成主義的な教授活動を促進する上において最も中心的な評価である。それは，こうした視点から得られる情報こそが子どもの眼下の学習の意味を明らかにし，彼らに次の学習を準備するための契機を与えるための源泉として機能する」とし，子ども自身の学びの評価の意味を示した。それを受けて，小野瀬・村澤（2014）は，図 5.8 を示して「指導と評価の一体化」の関係を説明した。

「（指導と評価の一体化とは，）理科授業において，教師が子どもの考えを見とり，それを価値付ける。子どもは，教師の評価を受け，自分の考えの意味を実感する，という過程である。」

図 5.8　理科での指導と評価の一体化

　さらに，小野瀬らは，指導と評価を一体で捉え，教師の教授活動を具体的な教授ストラティジーで表し，それに呼応する子どもの学習を自己調整学習の過程をまとめたものを表 5.9 のように示した（小野瀬・佐藤ら，2013）。次節では，表 5.9 の理科の教授スキームを援用して，目的に応じて ICT 活用を位置づけて理科授業をデザインし，実践を試みた授業事例について概説していく。

表 5.9 理科の教授スキーム（小野瀬・佐藤ら，2013）

授業構成要素	教師の教授活動（教授ストラティジー）	子どもの自己調整学習過程
学習の導入	子どもの学習実態の把握 ●既習事項や経験をわかりやすく指示して意識化する 考えを引き出し，顕在化する ●既有の考えを引き出し，顕在化して学習課題を導出する	目標設定と方略計画 ●経験や知識をもとに学習課題を自覚化する
観察，実験	情報の収集・共有化を促す ●情報の収集を促す ●情報の共有化を促す	方略実行とモニタリング ●他班の進捗状況と比較する ●実験をやり直す
考　察	子どもの考え方の再認 ●子どもの論理の修正，補強，拡大 ●動画を使い表象を表現させる	方略実行結果のモニタリング ●モデルを使って解釈する
学習課題の解決	学習の振り返り ●学習の成果や学習課題の記録を示す	自己評価とモニタリング ●学習の過程を振り返る

■.2 理科授業における ICT を活用した授業デザインと実践例

① 子どもの考えを披瀝し，共有しながら概念形成を促す理科授業（小学校）

　子どもの視点から単元の構成を考え，子どもの考えを学級全体に披瀝し共有し合う際に ICT を活用した小学校5年理科「物の溶け方」での授業実践事例（佐藤・小野瀬・村澤，2014）での授業デザインとその実践から見いだすことのできた子どもの学びの様態について概説していくこととする。

表 5.10　「物の溶け方」の授業で学習すべき内容・授業の展開

学習すべき内容	第5学年理科 A 物質・エネルギー（1）物の溶け方 物を水に溶かし，水の温度や量による溶け方の違いを調べ，物の溶け方の規則性についての考えをもつことができるようにする。 ア 物が水に溶ける量には限度があること。 イ 物が水に溶ける量は水の温度や量，溶ける物によって違うこと。また，この性質を利用して，溶けている物を取り出すことができること。 ウ 物が水に溶けても，水と物とを合わせた重さは変わらないこと。
授業概要	実験1「重さを調べよう」（3・4時間目／全13時間） 食塩を水にとかす前後での重さを測定し，その実験結果から，食塩水での食塩の溶けた様子のイメージ図を描画し，個人や班の考えを，教材提示装置を用いて，共有する。

授業の流れ	具体的な授業の内容
導入	・前時までの学習内容と本時の学習に対するレディネスの確認 ・学習問題「重さを調べよう」の導出
展開（1） 実験 ・予想する ↓ ↓ ・考えの披瀝 ↓ ・実験する ・考察を考える	・食塩が水にとける前後で，「食塩＋水」の重さと食塩水の重さの食塩がとけた時の食塩水中の食塩の様子を予想する ・ICT を活用して，数名の子どもの考えを披歴する ・実験班（3，4名）で，実験する。 ・実験結果を踏まえ，考察として，食塩水中で食塩がどのようになっているのかを改めて考える
展開（2） 討論・発表 ・班で考察を吟味し，共有する ・各班の考えの発表	・実験班（3,4名）でお互いの考察について話し合い，考察での考えを吟味，共有し，班での考えをまとめる ・ICT を活用して，各班の考えを披瀝し，学級全体で考えを吟味し，共有する
まとめ	学習活動を振り返り，自分の結論を記す。

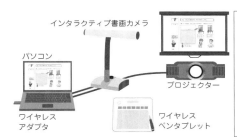

インタラクティブ書画カメラ
パソコン
プロジェクター
ワイヤレス
アダプタ
ワイヤレス
ペンタブレット

【ICT 機器】
パソコン（PC）
プロジェクタインタラクティブ書画カメラ：
ELMO L-12
ワイヤレス・ペンタブレット：ELMO CRA-1

上記の ICT 機器を用いて，子どものワーク
シートや班の考えをまとめたものに記載され
たモデル図や考えを，学級全体で共有した。

図 5.9　授業実践で用いた ICT 機器

　この「物のとけ方」の単元において指導すべき内容と ICT を活用した授業の
展開等を表 5.10 に示す。（授業での活用場面は，図 5.7 を参照のこと。）

　この授業では，予想をたてる場面や子どもが創り出したモデルで自分たちの考
えを表現する場面等において，図 5.9 に示した ICT 機器を用いて，子どもが既
有知識や実験結果を情報として如何に結合させていたのかを説明した描画や記述
を学級全体に提示し，それらの考えを共有しながら，子どもの溶解概念の熟達を
目指した。

　実験 1「重さを調べよう」において授業者は，学習に対するレディネスの確認
をする→実験の予想をする→ ICT 機器を用いて「予想とその理由」を披瀝し，そ
の後，実験する→実験結果を基に「溶けた後の食塩の様子」について考察する→
班で考察を吟味し合意の得られた考えを共有する→ ICT 機器を用いて，学級全
体で各班の考えを吟味し共有する→様々な情報を得たうえで自分の結論を導く，
という展開で授業をデザインし，実践した。

　この授業では，図 5.10 に示すような
食塩を水にとかす前後の食塩水（水溶
液）の重さと水にとけた食塩のゆくえ
の考え（モデル）を披瀝する対話から，
子どもの様々な考えを知り，共有する
ことができていた。

　図 5.10 を描き，ICT 機器を用いて考
えを説明した子どもは，班で話し合っ

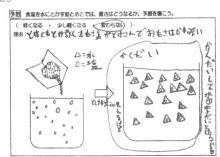

図 5.10 食塩水の重さを調べる実験での
子どもの予想

た食塩が水にとけている状態についての説明を授業者から求められて，「塩を入れて，時間が経ったら溶けなくなるじゃないですか。溶けなくなって，でも拡大すると溶けてるは溶けているんですけど，液になって水の中に溶け込んでいる。」のように，自分たちの考えを「ことば」だけでなく，自分たちの考えに沿った絵図を用いて説明していた。この子どものありのままの表現（モデル図）を示すことで，「食塩の粒が見えなくなったのは食塩の粒が水の中に取り込まれたから（だから，取り囲んだ水だけが見える）」という班で合意が得られた考えを伝えることができた。

　ICT機器を利活用せずとも，「溶かす前後で重さは変化しない」という実験結果の共有は可能であるし，子どもが「水に食塩がどのようにとけているのか」を発表する手段は様々にあるだろう。この「物のとけ方」の授業実践では，「重さ（質量）の保存」という学習すべき内容以外にも，単元全体を通じて，「図や絵等を用いて表現する等して考察し，適切に説明できるようにすること」も，子どもは求められていた。子どもにとっても，自分たちが考えていたことを，授業者の解釈を通さず発表し他者（教師・子ども）に理解してもらうように説明することは，自己効力感の喚起等の学習活動に大きな影響をもたらしていた。

　このように**子どもの考えを「ありのままの表現」で見いだすことに，ICTの活用は適している**。そして，子ども自身の表現であるからこそ，新たな問いが生成し，学級全体で各班の考えの再検証が促されると考えることができる。

② 　他者が獲得した情報を共有し合い，理解を深める理科授業（中学校）

　上述のICT活用事例のほかにも，ICT機器が得意とし，理科授業でのICT活用法として期待されるICT活用法の一つに前出の「協調的問題解決」におけるスキルを向上させるためのネットワーク利用をあげることができる。

　理科授業場面で子どもは，自身の考えを深化・拡大させていくために，観察，実験の結果や他者（教師・子ども）の考えや助言等の様々な情報にアクセスする。子ども自身が思考するため，あるいは，判断するための情報が増えていくこと自体は歓迎すべきことだが，観察，実験の場面において，比較対象とすべきデータ

を限られた時間内で「子ども自身が受容すべき情報」として子ども自身が増やすためには，工夫も必要になってくる。また，他者の考えに触れるだけではなく，「どのように自分，あるいは他者の問題を解決するために，実験班だけでなく，学級全体を協力的なグループとし，子ども自身がそのメンバーの一人として，新しい知識や理解を積み上げ，つくり出すことに貢献できるか」を子ども自身が考えることも，協調的な問題解決を学習のテーマの一つに掲げることで，単なる他班のデータ活用のみに留まらない，意味ある学習活動になると考えられる。

　ここでは，中学校理科1分野の「身の回りの物質」の「密度」の単元において，学習内容の理解を深めることを目的としたICT活用による授業実践事例（廣上・小野瀬，2013：廣上，2014）での授業デザインと，その実践での子ども（生徒）の感想等から得られた知見について概説していくこととする。

表5.11　「密度」の授業で学習すべき内容・授業の展開

学習すべき内容	中学校理科1分野　（2）身の回りの物質 身の回りの物質についての観察，実験を通して，固体や液体，気体の性質，物質の状態変化について理解させると共に，物質の性質や変化の調べ方の基礎を身に付けさせる。 ア 物質のすがた （ア）身の回りの物質とその性質 身の回りの物質の性質を様々な方法で調べ，物質には密度や加熱したときの変化等固有の性質と共通の性質があることを見いだすと共に，実験器具の操作，記録の仕方等の技能を身に付けること。
授業概要	①3種類の金属の大きさや形状の異なる2種類の材料（計6種類）から，各班で1種類の材料を選択し，質量と体積を測定する。 ②質量と体積の関係を表すグラフを用いて，自班以外の5つの班の中から，自班と同じ材料を測定した班を特定する。 無線LANを介して他班の実験結果を記入したシートや，考察シートの画像を教師と各班のiPadで共有した。

授業の流れ	具体的な授業の内容
導入（ⅰ）	既習事項，予想の確認
実験 ・個人の結果 ↓ ・班での考察	・実験装置写真の提示（ⅱ） ・実験の実施 ・実験結果の写真を撮り，HDへ送信（ⅲ） ・個人の付箋紙に考えを記入してから，班の考えをまとめる ・班の考えを記入したものの写真を撮り，HDに送信 ・各班の結果を比較しながら考察する
発表	・先生機を使って班の考えを発表する
まとめ（個人）	発表，自己評価

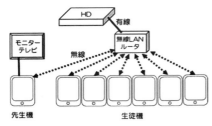

【ICT 機器】
タブレット端末：Apple iPad
無線 LAN ルータ：BAFFALO WZR-600DHP
HD(ハードディスク：NAS): BAFFALO LS-X1.0TLJ
【ソフトウェア】
カメラ：iPad に標準インストールされたもの
Web Access iHD：（フリーソフト）
　HD にアクセスするために，ルータを介し
　て HD に画像を保存できるフリーのアプリを
　iPad にインストールして利用した。

図 5.11 授業実践で用いた ICT 機器とネットワークの構造

　この「密度」の単元において指導すべき内容と ICT を活用した授業の展開等を表 5.11 に示す。この授業では，授業者からの既習事項や実験方法の提示の場面や実験結果の共有場面や実験班での考察を考える場面等において，図 5.11 に示した ICT 機器を用いて，他の班の実験結果を，適宜，参照しながら，自分の班と同じ材料の測定結果を見いだしたり，異なる材料を用いた班の考察等も比較し検討したりしていくことで，子どもの密度概念の深化・拡大を目指した。

　この授業では，実験とその結果を基にした発表に時間がかかることが想定できたので，授業者は既習事項と経験について ICT を用いて理解しやすく提示し，短い時間で子どもに本時の活動を意識できるようにした。さらに，実験方法の説明の場面では，子どものタブレット端末（生徒機）を授業者のタブレット端末（先生機）の実験装置写真が提示できるようにデータを同期させ，前時までの学習内容である「質量と体積の関係を示すグラフには，同一の物質であれば，体積や質量が異なっていたとしても測定した値が，グラフの同一線上に並ぶ」という考え方を，授業者は子どもと共有し確認した。

　そして，図 5.12 のように本時の課題を示した後で，授業者は，情報（実験結果）の共有を図るために，各班で測定した材料の体積と質量を記入したシートを，タブレット端末を用いて撮影・保存するように促した。これらデータを基に，子ども（生徒）は他班のデータを見比べて（実際の共有場面は，図 5.6 を参照のこと），結果のグラフを作成したり，他班の結果のどれが自分たちと同じかを比較し検討

鉄・アルミニウム・銅製の大きさや形状の異なる2種類の材料（計6種類）を用いて、6つの班で1種類の材料を選択し、質量と体積の測定を行う。

試料	A	B	C	D	E	F
	黒い棒	銀色棒	茶色くぎ	金色鎖	茶色鎖	銀色球
材料	銅	アルミ	銅	アルミ	鉄	鉄

┗ 子どもには伏せておく

図5.12 実験の説明

集約したデータをグラフ上にプロットして。各自で、自分が測定した金属と同じ金属を測定した班を特定する。

図5.13 実験結果の再検討

したりした（図5.13）。こうして得られた情報から子どもたちは「個人の考察」を基に「班の考察」を1枚のシートにまとめ，タブレット端末を介して授業者に発信し，授業者は送信された内容を確認して，子どもの学習活動を評価した。

ICTを活用した学習活動の有用性等に関して，子ども（生徒）に授業後に実施した質問紙調査の結果からは，次のような知見が得られた（廣上，2014）。

- 導入でのタブレット端末の使用に関しては，「覚えておかなくても，（自分たちの班の端末で）何度も見直すことができる」「写真だと詳しくわかるし，拡大もできる」等の理由により，92％の子どもが肯定的であった。

- 実験中に他班の結果をみることができることに関する質問からは，79％の子どもが情報を共有しながら学習を進めることができたことが明らかとなった。また，子どもが参考にしていたことは，学習課題の同じ材料の物質を探すだけに留まらず，「他班と同じ結果で自分たちの結果に確信を得た」「自信をもって発表することができた」や，「実験の間違いを見つけてやり直すことができた」等の回答から，子どもが自己効力感を得たり，学習の進捗状況を把握し調整したりするのに役立つことが理解できた。

勿論，上記の質問紙調査の結果は，すべてが肯定的な回答だけで占められていたわけではない。否定的な回答には，写真を見ながら実験をすることでタブレット端末にある通りに実験をしてしまうところがあったり，方法の利便性は理解できるが班に一つのタブレット端末では「写真を一緒にみることが難しい」ときもあったりしたことが述べられていた。

　授業実践において改善すべき点はあるものの，**子どもの協調的問題解決を念頭においた学習や，学習の進捗状況を把握し調整しながら学習を進めていくことに，ICTの活用は適している**。そして，授業実践を通じて，授業者は学習に対する情意面の高まりも見られたことを報告している。授業において，本当に時間をかけるべき活動に時間を十分に費やすことを検討していくためにも，ICTの活用場面を考えることは，今後ますます重要になってくるであろう。

■.3　子どものアクティブな理科学習を具現化する授業デザイン

　上述の二つの授業実践事例は，表5.9の「理科の教授スキーム」における「子どもの考えを引き出し，顕在化する」「子どもの考え方の再認」や「情報を収集し，共有化を促す」という，子どもの自己調整学習過程に呼応した授業者の教授活動を手助けするために，ICTを活用したものである。

　理科授業を通して，子ども（学習者）に育成したいと授業者が考えた「自分の考えていることを他者に理解できるように説明する」「他者と協力して，問題の解決を図る」「自分が行ってきたことの意味を自覚し，価値あることだと思えるようにする」等のアクティブな理科学習の具現化を促すためには，子ども自身が学習活動の意味を，即自的に理解することも必要となってくる。

　そのためには，森本らの「子どもがアクティブに理科学習している状況」や小野瀬らの「理科の教授スキーム」にあるような子どもの学習状況を把握し，授業者が適切な評価（フィードバック）を子どもにする必要がある。ICTの活用でも，このような評価の視点は欠くことができない。授業の各展開で，子どもの学習状況を把握し調整できる授業デザインが求められている。

【引用文献】

グリフィン ,P.・マクゴー ,B.・ケア ,E. 編（2014）『21 世紀型スキル：学びと評価の新たなかたち』，北大路書房，9

平澤林太郎・久保田善彦・舟生日出男・鈴木栄幸・加藤浩（2008）「同期型 CSCL システムのサムネイルによるアウェアネス支援の研究：小学校 6 年生『水よう液の性質』の班別実験活動から」，日本教育工学会論文誌，31（Suppl.），49-52

廣上倫介・小野瀬倫也（2013）「理科授業において情報の共有化を促す ICT の利活用：中学校『身の回りの物質』の実践から」，日本理科教育学会全国大会発表論文集，11，419

廣上倫介(2014)「理科授業において情報の共有化を促す ICT の利活用：中学校『身の回りの物質』の実践から」，理科の教育，63（74），東洋館出版社，21-24

稲垣成哲・舟生日出男・山口悦司（2001）「再構成型コンセプトマップ作成ソフトウェアの開発と評価」，科学教育研究，25（5），304-315

稲垣成哲・舟生日出男・山口悦司・三澤尚久・出口明子（2011）「デジタル運勢ラインシステムの開発と評価」，理科教育学研究，51（3），33-46

国立教育政策研究所（2016）「OECD 生徒の学習到達度調査 (PISA2015) のポイント」Retrieved from http://www.nier.go.jp/kokusai/pisa/pdf/2015/01_point.pdf

三宅なほみ・益川弘如（2014）「新たな学びと評価を現場から創り出す」，グリフィン ,P.・マクゴー ,B.・ケア ,E. 編『21 世紀型スキル：学びと評価の新たなかたち』（三宅なほみ 監訳，益川弘如・望月俊男 編訳），北大路書房，223-239

文部科学省（2008a）『小学校学習指導要領解説理科編』，大日本図書 ,70

文部科学省（2008b）同上書，20-67

文部科学省（2008c）同上書，9

文部科学省（2010）「教育の情報化に関する手引き」，開隆堂出版，48

文部科学省（2011）「教育の情報化ビジョン〜 21 世紀にふさわしい学びと学校の創造を目指して〜」Retrieved from www.mext.go.jp/b_menu/houdou/23/04/__icsFiles/afieldfile/2011/04/28/1305484_01_1.pdf

森本信也（1999）『子どもの学びにそくした 理科授業のデザイン』，東洋館出版社，73

森本信也・小野瀬倫也（2004）「子どもの論理構築を志向した理科の教授スキームの分析とその検証」，理科教育学研究，44（2），59-70

中山迅・林敏浩（2005）「描画と振り返りによってモデル的な思考を促す反復再生可能型描画システム Polka」，日本理科教育学会全国大会要項，55，69-70

OECD（経済協力開発機構）（2016a）『21 世紀の ICT 学習環境：生徒・コンピュータ・学習を結び付ける（OECD 生徒の学習到達度調査(PISA)）』(国立教育政策研究所 翻訳),明石書店 ,94

OECD（経済協力開発機構）（2016b）同上書，166

小野瀬倫也・佐藤寛之・齊藤裕一郎・吉田崇・村澤千晴・豊田光乃・廣上倫介（2013）「自己調整学習を促す理科の教授スキーム：教授・学習過程における ICT の機能に着目して」，日本理科教育学会全国大会発表論文集，11，414

小野瀬倫也・村澤千晴（2014）「理科授業における効果的な ICT 利活用の視点と実践」，初等教育論集，15，1-14

佐藤寛之（2009）「理科授業における ICT 活用法」森本信也・森藤義孝編著,『小学校理科の指導』,
　　建帛社，149-152

佐藤寛之・小野瀬倫也・村澤千晴（2014）「理科学習での情報を結合するための比喩的表現に
　　関する考察：小学校理科『もののとけ方』での子どもの理解－」, 佐賀大学教育実践研究,
　　30，7-16

佐藤寛之（2015）「No.15 ICT（情報通信技術）」,『小学校理科教師用指導書 研究編（新小学校
　　理科 キーワード集)』，学校図書，58-61

猿田祐嗣（2010）「TIMSS 理科の論述形式問題に対する解答に見る日本の児童・生徒の特徴（13）
　　－ TIMSS の調査枠組みから見た学力の捉え方の変遷について－」，科教研報，25（2），39-
　　42

霜田光一ほか（2015）『みんなと学ぶ小学校理科４年　デジタル教科書』，学校図書

【読みたい本・参考になる本】

グリフィン ,P.・マクゴー ,B.・ケア ,E. 編（2014）『21 世紀型スキル：学びと評価の新たなかたち』
　　（三宅なほみ 監訳，益川弘如・望月俊男 編訳），北大路書房

第6章

アクティブな子どもの理科学習を
いかに評価するのか

アクティブな子どもの理科学習をいかに評価するのか

■ アセスメントとしての評価という考え方

■.1 評価ということばのもつ二つの意味

　「注射器の中の空気は圧されると，満員電車の中と同じ状態になるから，圧せば圧すほど圧し返してくる力が強くなるんだよ」というような表現には，子どもが空気を粒子として捉えている様子がみられる。このような表現が基になり授業が進められれば，中学校での「状態変化」や「原子・分子」という科学概念の構築へと子どもは難なく向かっていけるだろう。満員電車というような子どもなりの考え方が価値づけられ，それが学習の起点となる時に，子どもはアクティブな学習者として，新しい意味を作り上げていくのである。このような子どもの能動的に学習する能力が現れていくためには，教師による子どもへの積極的な支援が必須となる。子どもなりの表現を意図的に教師が価値づけていくことによって，子どもは新しい意味の構築へと向かっていけるのである。アクティブな学習者としての子どもを支援するためには，教師は子どもの学習状況を的確に捉えていかなければならない。すなわち，適切に評価を行っていかなければならないのである。アクティブな子どもの理科学習をいかに評価するのかを考えていきたい。

　まずは評価ということばのもつ二つの意味から，評価について考えていきたい。評価ということばを英語で考えると，evaluation と assessment の二つが思い浮かぶだろう。すなわち，これらは「**エバリュエーションとしての評価**」と「**アセスメントとしての評価**」の二つである。二つのことばは，それぞれ異なった意味をもっている。異なった意味をもつが，どちらも教師が子どもの学習状況を捉え，次の指導を構想していくために行う評価に変わりはない。

　エバリュエーションとしての評価は，学習目標の達成状況を主にテストを通して捉えることがねらいとされる。一方，アセスメントとしての評価は，エバリュエーションとしての評価の基礎になるものである。基礎となるために，子どもの

学習を徐々に着実に進めるために行われる。そのため，テストだけではなく，授業中の子どもの発言や活動の様子，ノートやワークシートへの記述内容等の多様なものを通して，学習状況を捉えることがねらいとされる。

　こうした評価に関する考え方を踏まえて，エバリュエーションとしての評価とアセスメントとしての評価の事例を考えてみよう。

　エバリュエーションとしての評価では，まず子どもに習得させたい学習目標を設定する。そして，それを評価の基準として用いる。子どもが学習内容をどこまで習得したのかは，授業後の小テストや単元後のテストによって評価がなされる。テストの結果を受けて，教師は次の時間の展開を計画していくのである。次の時間と限定しなくても，目標に達していない子どもに対しては，授業時間外で補習的な指導を行うことも考えられる。エバリュエーションとしての評価の目的は，子どもに学習内容を完全に習得させることである。

　図 6.1 は小学校 5 年で学習する「種子の発芽と成長」についての教科書の一部である（霜田他，2015a）。「子葉には何がふくまれ，どのような働きをしてい

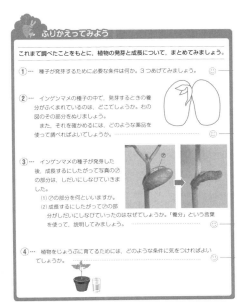

図 6.1　ふりかえってみよう

るのか」という学習問題が設定された授業でのエバリュエーションとしての評価の例として，図 6.1 のような問題を授業後にテストとして行う。この授業で子どもに習得させたい学習目標は「子葉にはでんぷんがふくまれているが，発芽し成長していくと子葉の中のでんぷんは少なくなること，子葉は種子の発芽やその後の成長のための養分をたくわえていることを理解できる。」である。学習目標がどのくらい習得されているのかを評価するために，授業の最後に図 6.1 に示した③の問題を子どもに課す

のである。例えば，③ (2) を正答できなかった子どもには，発芽する前の種子と芽や根が伸びたころの子葉をヨウ素液に浸す実験の結果を振り返らせるような補習的な指導を行うことで「養分が種子の発芽や成長のために使われたので，でんぷんが少なくなり，子葉はしなびた」ということを再度，学習させるのである。

　このように，エバリュエーションとしての評価は「教師が設定した学習目標に対して，子どもがどれだけ学んでいるのか」を捉えるものである。それに応じて，教師は次時や授業外で補習的な指導を行い，子どもの学習内容の習得を支援していくものである。

　一方，アセスメントとしての評価は，授業後に行う小テストや単元後のテストのみではなく，子どもの学習状況を様々なものから捉えていく評価である。具体的には，子どもの発言や行動を周到に観察することや，ワークシートの記述内容を周到に判断することによって行われる。これは，従来から日本の教師に「見とり」や「見極め」とよばれてきたものである。アセスメントということばは，ラテン語の「sit beside（一緒に側に座る）」が語源である（OECD 教育研究革新センター，2008）。この語源にみられるように，子どもに寄り添い，周到に観察することによって，子どもの学習状況を捉えていく評価である。

　図 6.2 は，小学校 4 年で学習する「ものの体積と温度」において，せんをしたペットボトルを温めると「なぜ，せんが飛び出すのか」に対する予想の例である（霜田他，2015b）。

　子どもは，ペットボトル内の温められた空気が上にいく「上昇説」，体積が増える「膨張説」等から，せんが飛ぶ理由を予想することが考えられる。このよう

図 6.2　空気の膨張に対する予想

に子どもに予想を表現させることで，教師は子どもの学習状況を把握することができる。また，予想をさせることは，子どもに実験前の自分の考えを自覚させることになる。そして，子どもの予想にそくして，予想を確かめるための観察，実験を計画していく。例えば，試験管の口に石鹸水の膜を張り，試験管の口を横や下に向けた状態で試験管を温め，どの方向に試験管の口が向いていても石鹸水の膜が膨らむことを確かめていくことが考えられる。実験方法の計画においても，どのような実験をすればよいのかという子どもの発言等から学習状況を把握することができる。

　次いで，結果と予想を照らしあわせて考察を行わせる。これは，結果を受けて，予想を修正，または，確証させていくためである。例えば「せんが飛んだのは，膨張説で説明ができる。ペットボトルの中の空気の体積が増えて，せんを内側から押すためである。」と，子どもが考察することが考えられる。教師は，予想に基づいた考察の表現から子どもの学習状況を捉え，その表現が適切であるかどうかを判断していく。教師は常に学習状況を捉えて，子どもが考えを構築していく支援を行っていかねばならない。

　アセスメントとしての評価は，エバリュエーションとしての評価のように「何を知っているのか」という知識を評価するものではない。子どもの表現に基づいて，現在の子どもの学習が発展していく可能性を捉えようとする評価である。すなわち，目の前の子どもが「何ができつつあるのか」を捉えていくのである。これは，発達の最近接領域を意識した評価である。現在の学習状況と学習が発展していく可能性を捉えていくためには，子どもに自由な表現活動を促すことが必須である。教師は，子どもの表現から学習状況を捉え，彼らの表現に対してフィードバックを与えることで，表現を深めていくのである。一方，子どもは教師からの適切なフィードバックを受けて，表現の修正や新たな情報の付加が必要であると感じた場合に，自分の表現を深めていくのである。このように表現を深めていくことが，科学概念の構築につながるのである。アクティブな子どもの理科学習を評価していくためには，アセスメントとしての評価が必要であることは明らかである。

第6章　アクティブな子どもの理科学習をいかに評価するのか

🚹.2 形成的に行うアセスメントとしての評価

　現在，日本において定着している教育評価論に，ブルームらが提唱した**診断的評価，形成的評価，総括的評価**と評価を三つに区別する考え方がある。この三つの評価は，実施する時期，目的，評価対象の学力の三つの視点によって区別がなされている（ブルームら．1973）。

　診断的評価は，単元の学習が開始される前に行われるものである。その目的は，授業の開始時に子どもを適切に位置づけること，授業の展開に向けて子どもの学習上の困難な点を発見することである。また，評価対象の学力は「興味，パーソナリティ，環境，適性，技能」である。すなわち，学習前にこれから開始される学習内容に対しての子どもの適性やレディネスを評価するものである。

　形成的評価は，単元の学習の途中で行われるものである。その目的は，子どもの学習や教師の指導方法，単元構成やカリキュラム等の改善のための情報を得ることである。評価対象の学力は，学習によって獲得されるものの中でも基礎的な学力を対象とする。例えば，図6.3の中学校2年の「電圧と電流の関係」の学習においては，電圧計と電流計を適切に用いる技能や，グラフにまとめていく能力等の基礎的な知識や技能が対象となる（霜田他．2015c）。

　総括的評価は，単元や学期末，年度末のように学習後に行われるものである。その目的は，子どもの成績づけや修了の認定，カリキュラムや指導計画の有効性の検討のための情報を得ることである。評価する学力は，形成的評価では基礎的な学力であったが，総括的評価では応用や総合，分析等の学力の発展性とよばれる高次の学力を対象とする。例えば，図6.3の学習では，グラフのデータから加えた電圧と流れた電流は比例することを解釈する能力が対象となる。

　ブルームらは，三つの評価の中

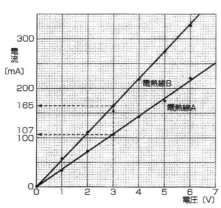

図6.3　電圧と電流の関係

でも形成的評価を中心的に行うことによるマスタリー・ラーニング（完全習得学習）という授業方法を提唱している。それは以下の過程によって行われる。

① 単元全体の学習内容を分析し，すべての子どもが達成すべき目標を明確にし，到達水準を明確にする。

② 子どものレディネスや学習適性を踏まえ，達成すべき目標へ向けての最適な授業方法や教材を決定する。

③ 形成的テストを行い，子ども一人ひとりの目標の到達度合いを明らかにし，それぞれの子どもがどこでつまずいているのかを明確にする。

④ ③で明確にした情報を基にして，つまずきがみられる子どもに対して，補習的な指導を行う。

　ブルームらが三つの評価を教育活動において重要であると提案したのは，マスタリー・ラーニングによって，子どもに単元の内容を完全に習得させることを目指していたからである。上述した三つの評価は，完全に学習内容を習得させることを目的にしている点において，エバリュエーションとしての評価であるといえる。実施する時期，目的，評価対象の学力はそれぞれ異なるが，どれも主にテストを通して評価を行うものである。

　現在，ブルームらが提唱した三つの評価の捉え直しが図られている。それは本章■.1 でも述べたが，アクティブな子どもの理科学習を評価するためには，アセスメントとしての評価を行う必要があるからである。すなわち，三つの評価もアセスメントとしての評価として行う必要がある。このような問題意識に基づいて，形成的評価を**形成的アセスメント**（本章ではエバリュエーションとしての評価である「形成的評価」と区別するために「形成的アセスメント」とよぶことにする）として捉え直されている。PISA 調査を実施している経済協力開発機構（OECD）の研究では，形成的アセスメントは子どもの学力向上を促す最も効果的な方略の一つであること，また，子どもの自己調整的な学習を促すことにとって必須であることを明らかにしている（OECD 教育研究革新センター，2008）。

　形成的アセスメントを授業の中で実践していくための方略に関して，ウィリアムらは表 6.1 のように提案を行っている（Wiliam & Thompson，2007）。ウィリア

ムらの提案する方略を基にして，形成的アセスメントによるアクティブな子ども
の理科学習を評価する方略について考えていきたい。

　ウィリアムらは子どもの学習を評価する視点として，三つをあげている。一つ
目は「子どもはどこに進もうとしているのか」である。子どもが学習を進める上
で，どこの到達点を目標にしているのかを明らかにすることである。二つ目は「子
どもは学習のどこに位置しているのか」である。目標に向けての学習のプロセス
の中で，現時点で子どもがどこまで学習を進めているのかを明らかにすることで
ある。三つ目は「子どもは目標を達成するために何をする必要があるのか」であ
る。目標の達成に向けて，子どもがさらに学習を進めていく上で必要なことを明
らかにすることである。この視点は，一つ目，二つ目，三つ目とプロセスを経る
ことによって，子どもの学習状況を適切に捉えていくことができる。この三つの
視点に基づいて，具体的に五つの方略がある。それが表 6.1 の①から⑤である。

　「①学習目標と評価規準を明確にし，共有すること，理解すること」では，ま

表 6.1　形成的アセスメントの方略

	子どもはどこへ進もうとしているのか	子どもは学習のどこに位置しているのか	子どもは目標を達成するために何をする必要があるのか
教師	①学習目標と評価規準を明確にし，共有すること	②学習の成果を引き出すための効果的な議論や活動，課題の設定を工夫すること	③子どもの学習を進めるためのフィードバックを提供すること
仲間	①学習目標と評価規準を理解し，共有すること	④子ども同士が相互的に学習のリソースとなるような活動を促すこと	
子ども	①学習目標と評価規準を理解すること	⑤子どもが自分の学習を自分のものとできるような活動を促すこと	

ず教師が学習目標を明確にし，それを子どもと共有することで，子どもが理解していくことが求められる。学習目標を子どもに理解させる重要性は，これまでも繰り返しいわれてきているが，ここで大切なのは，子どもが学習目標を自分ごととしていくことである。アクティブな理科学習のためには，学習を行う子ども自身が，学習目標を理解し，学習の主体となることが必須である。また，学習目標だけではなく，評価規準も理解していくことが求められる。評価規準を理解することによって，目標を達成する具体的な姿を見通すことができるようになる。ここでの注意点であるが，評価規準を理解させることとは，授業前に教師が想定した評価規準を文字通

評価基準と評価規準

どちらも「ひょうかきじゅん」と読む。「評価基準」とは，学習目標である「評価規準」について，こういうかたちでできていれば A，ここまでできていれば B というように，目標の達成度合いを具体的に示したものである。子どもと教師とが共有していくのは，学習目標に関わる「評価規準」である。

りそのまま子どもに伝えることではない。学習目標の明確化と共有化によって，学習を通して「何を明らかにするのか」，それを「どのように説明するのか」を共有することである。このように，子どもに学習のプロセスへの見通しをもたせることで，子どもがアクティブに理科学習を進める素地となるのである。これによって「子どもがどこに進もうとしているのか」も明らかになっていく。

　「②学習の成果を引き出すための効果的な議論や活動，課題の設定を工夫すること」では，教師が子どもに議論や活動を促すことや課題の設定を工夫することによって，学習成果を把握することが求められる。アセスメントとしての評価として，子ども同士の議論においての発言や実験中の行動，ワークシートの記述内容等，子どもの学習状況を多様な評価方法から捉えていく。また，学習状況を捉えて，それを教師は適切に判断していかなければならない。まず，判断の基準として学習目標に基づいて判断すること，すなわち，「**目標に準拠した評価**（criterion-reference）」を行う必要がある。しかし，それだけではアクティブな子どもの理科

目標に準拠した評価

相対評価に代わるものとして登場した，いわゆる絶対評価である。学習指導要領に示す目標と照らしあわせ，学習状況を評価する「観点別学習状況の評価」である。

学習を評価するには不十分である。子ども一人ひとりの既有知識や日常生活の経験，今までの学習の履歴にそくした「**個人に準拠した評価（student-reference）**」を行うことが不可欠である。このように，現時点での子どもの学習の到達度合いを把握するだけではなく，子ども一人ひとりの既有知識や日常生活の経験，学習の履歴を含めた学力と学習状況にそくした判断がなされることによって，子どもの学習への支援が可能となるのである。

「③子どもの学習を進めるためのフィードバックを提供すること」では，教師が子どもにとって必要な情報を提供することや，評価した結果を提供することが求められる。教師は②で把握した子どもの学習状況に基づいて，必要なフィードバックを行っていくのである。それは，学習と評価をつなぐことになり，子どもが学習を進めるための支援となる。フィードバックの質に関しては，子どもの現在の達成度合いが示されるだけでは不十分である。「目標達成のために何をする必要があるのか」を具体的に示す必要がある。例えば，「温度の変化も関係があるのかな。それもあわせて考えてみよう。」というように具体的に学習活動を示すことである。注意しなければならないことは，フィードバックは子どものニーズに合致していなければ，彼らにとって有用な情報にはならないことである。また，彼らが理解できるものであり，学習を進める上で足場づくりになるものである必要がある。

「④子ども同士が相互的に学習のリソースとなるような活動を促すこと」では，子ども同士が自分の考えを共有するような対話が教室で生起することが求められる。例えば，考察で表現した考えをクラス全体で発表し共有する中で，自分の既有知識を再構成していくことである。仲間からの同意や質問を通して，自分の考えが仲間に受け入れられるのかどうかを判断していく。また，相手に伝わりやすい表現にする過程において，自分の考えを振り返ることも行われる。このような

仲間と表現を共有する対話の中で，自分の考えを振り返ることが自然に行われるのである。このような相互評価が行われることによって，子どものメタ認知能力の育成が図られていく。

「⑤子どもが自分の学習を自分のものとできるような活動を促すこと」では，子どもが主体的に学習を進めていくことへの支援が求められる。当然のことであるが，子どもが主体的に学習を進めていくことなしには，学習目標が達成されることは不可能である。主体的に学習を進めさせるために大切なことは，子どもに自分の学習を振り返らせ，学習状況や学習の成果を自己評価できるようにすることである。その素地として①から④までの方略が足場として機能する。①から④までの方略の実現がなされていれば，自己評価活動を促すことによって，メタ認知能力の育成がなされる。それは，自分の学習を調整する力にもなり，アクティブな学習者への成長にもつながるのである。

①から⑤の方略を実現することによって，教師と子どもが学習目標と評価規準を共有し，子どもは学習成果に対して教師からフィードバックを受け，仲間との相互評価，自己評価を通して，学習目標を達成していくのである。これは，アクティブな学習者としての具体的な姿である。まさしく，形成的アセスメントは，アクティブな子どもの理科学習を支援するものであり，評価する方略であるといえる。

② 子どもの学習状況を捉えつつ，次の指導を行う

②.1 子どものパフォーマンスから捉える学習状況

　理科授業において，子どもの表現を分析することで，問題解決の過程を通して，どのような科学概念を構築しているのかを読み取ることができる。ここでいう表現とは，ノートやワークシートに記述されることばのみの表現ではない。ことばだけではなく，イメージを表現した描画や説明のために用いる表やグラフ等の多様なツールを用いて，考えが表現されたものである。

　最近，そのような多様なツールを用いた表現は「**パフォーマンス（performance）**」とよばれるようになった。多様なツールを用いた表現からは，知識だけではなく，理科においては科学的な思考の表れを捉えることが可能である。そのような考え方から，「思考力・判断力・表現力 等」を捉える評価として，**パフォーマンス評価**が注目されてきている。評価に用いられるパフォーマンス課題は，真正性が考慮されており，**真正の評価**としてのパフォーマンス評価はアクティブな学習との親和性が高い。

　従来から，理科教育においては，パフォーマンスということばは使われているが，その使われ方は限定的である。パフォーマンスは行動の遂行という意味で使われる。例えば，中学校1年の学習において，ガスバーナーの使い方の評価を行う場合，実際にガスバーナーを着火させ（パフォーマンスをさせ），「ガスバーナーの取扱いは適切であり着火することができるのか」を評価する。この限定的なパフォーマンス評価では，実験の技能しか評価することができない。

　一方，パーキンスらは，パフォーマンスということばを，子どもの「その時点での学習成果の総体」であると定義している（Perkins, et.al., 1995）。具体的には，文字表現, 描画,

> **パフォーマンス評価**
> 子どもの学力をパフォーマンスとして可視化するために，学んだことを様々なメディア（文字，図，グラフ，絵等）を使用して表現させる評価である。レポート，論文，ポスターのようなものだけではなく，プレゼンテーション，ディベート，演技，演奏のような多様な活動から，子どものパフォーマンスを多面的に評価する。筆記テストだけでは捉えられない学力を捉えることができる評価方法である。

数式，グラフ，表，記号等を駆使して，子ども
が自分の学習成果を表現したものである。すな
わち，子どもが思考した結果の表現の総体であ
る。この捉えに基づいてパフォーマンス評価を
行うことによって，知識や技能だけではなく，
子どもの科学的な思考の表れを捉えることが可
能となる。アクティブに理科学習を進める過程
において，子どもは常にパフォーマンスを求め
られる。例えば，予想段階や考察段階において
自分の考えを表現することである。子どもは問
題解決を進める過程で，パフォーマンスから自
分の考えを自覚し，最終的に科学概念としてパ

> **■真正の評価**
>
> 「真正性」とは，評価の課題や活
> 動が本物（リアル）なものでなくて
> はならないということである。真
> 正の評価とは，子どもが知識や技
> 能を実際の世界で，どの程度活用
> させていけるのかを捉えるものであ
> る。最終的な学習の成果物だけで
> はなく，そこに至るまでの学習や
> 思考のプロセスも評価の対象とな
> る。これは，構成主義的な学習観
> が前提とされているからである。

フォーマンスを深化させていく。パフォーマンスは，子どものその時点での構築
途上にある科学概念や思考のスナップショットともいえる。それは，教師の適切
な支援の基で，変容していく科学概念や思考のスナップショットであり，学習の
進行に伴う連続的なスナップショットなのである。

　では，どのような視点から子どものパフォーマンスを評価し価値づけていけば
よいのだろうか。パーキンスらの以下の四つの視点は，適切に子どもの思考を捉
える視点が含まれている（森本，2013）。

　①知識を示すことばが記述されている。

　②知識が子どもなりに表現されている。

　③多様な情報を子どもが取り入れている。

　④知識を構築するという視点から記述がなされている。

　図 6.4 に示す小学校 4 年の水蒸気の学習を例にすると，①は「水蒸気，水，熱」
等の構築を目指す科学概念に関わることばが表現に表れることが求められる。②
は，水蒸気のイメージを水の粒子で表現した描画や，湯気のイメージにおいて「湯
気は雲みたいなものだよ」等の子どもなりの例えやイメージが表れることが求め
られる。③は，多様な情報源から，自分の学習にとって必要な内容を自覚するこ

図6.4　水蒸気を集めてみよう

とが求められる。情報源の一つとして，観察，実験があげられる。例えば，水蒸気とは何かを調べるために，水蒸気をふくろに集める実験を行い，その結果から「水蒸気は冷えると水に戻る」というような情報を取り入れていくことである。また，ほかの情報源としては教室にいる仲間や教師のような他者の考えや表現から情報を読み取り，適切に咀嚼していくことがあげられる。④では，科学概念を自分なりに構築する視点が求められる。水蒸気と水の違いを水の粒子の集まり方で考えて「水蒸気は冷えると水の粒が集まるから，目にみえるようになる」のように粒子概念を用いた説明である。ここでは，飛躍した考えではなく論理的な説明が求められる。

　アクティブな理科学習の過程において，四つの視点がパフォーマンスに表われることが重要である。教師は，成長途上の子どものパフォーマンスを四つの視点から捉えて，徐々にすべての視点が達成されるように支援することが必要なのである。

　理科授業において，子どもは四つの視点をパフォーマンスに入れ，教師がそれを支援することは可能であるのか。事例からみてみよう。

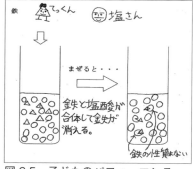

図6.5　子どものパフォーマンス

　図6.5は小学校6年「水溶液の性質」における，鉄の塩酸への溶解に関する子どもの表現である[1]。また，次の会話は，クラス全体へ図6.5を説明しているものである。

　子どもは「鉄の溶けた塩酸の中に鉄はあるのか」という学習問題において，鉄の溶けた塩酸を蒸発させると，茶色い物質が析出するという実験結果を解釈している。パー

> 子どもは図 6.5 をクラス全体へみせながら発言をした。
>
> 子ども：鉄と塩酸が合体して，まったく別なものになったと思います。それが，蒸
> 　　　　発させると出てきた茶色のもので，鉄の性質はありません。
>
> 教　師：みんなよくみて。この図をみてみると，鉄は三角で，塩酸が丸だったけど，
> 　　　　鉄でも塩酸でもない別のものは，それを合体させた形で表してくれてるよ
> 　　　　ね。この図のような感じだとすれば，茶色のものから鉄をつくることはで
> 　　　　きるのかな？
>
> 子ども：できると思う。

キンスらの四つの視点から分析してみよう。

　①の視点（知識を表すことば）は，鉄や塩酸，合体ということばの表われにみることができる。②の視点（子どもなりの表現）は，鉄を三角で，塩酸を丸で表しているところにみることができる。塩酸が鉄を食べることで合体する様子が表現された子どもなりの表現である。③の視点（情報の取り入れ）は，鉄を溶かした塩酸を蒸発させると茶色の物質が出てくるという実験の結果を取り入れて，その物質は鉄と塩酸が合体したものであり，まったく別のものであると表現した様子にみることができる。この表現は図だけではなく，子どもの「茶色の物質には鉄の性質はない」という発言にもみることができる。また，図や発言に明確には表われてはいないが，実験結果についてクラス全体で話し合ったことで，結果に関する情報を収集していると考えられる。④の視点（知識の構築）は，鉄と塩酸を粒子として考え，それが結合することによって，まったく別の物質が生成されるという表現にみることができる。これは，中学校や高等学校の学習へとつながる粒子概念の芽生えとして捉えることができる。粒子概念を用いることによって，鉄と塩酸の化学変化の様子を説明しているところに知識の構築の視点をみることができる。

　図 6.5 には，四つの視点のすべてをみることができる。教師はこのような表現を価値づけ，その意味を子どもに伝えていかなければならない。実際，事例において教師は，②の視点（子どもなりの表現）である鉄を三角で塩酸を丸で表現し

第6章 アクティブな子どもの理科学習をいかに評価するのか

ていることをクラス全体へと共有させている。何をどのように表現すればよいのかを明確に伝えているのである。また、④の視点（知識の構築）である粒子概念を用いていることを取り上げて、茶色の物質から鉄をつくることができるのかを発問している。この粒子概念を用いた表現は、図 6.6 に示す中学校 2 年の「化学変化」の学習へと発展していくものである。教師は子どものパフォーマンスから学習の発展の可能性を捉え、その部分への発問を行っているのである。このような教師の捉え

図 6.6　化学変化に関する粒子概念

から、子どもの表現への支援を行うことで、パフォーマンスが深められていくのである。

　価値づけだけではなく、四つの視点で不足しているものがあれば、それに関する発問をすることも必要である。例えば、子どもは鉄と塩酸が合体したものと、蒸発させると析出した茶色の物質をつなげた発言をしているが、図 6.5 には、それが明確に表れてはいない。これは③の視点（情報の取り入れ）に関わるものである。事例では、教師は図だけではなく発言も含めて、その子どものパフォーマンスであると考えているため、図の視点の不足に関しては発言によって充足されていると捉えている。発言で図の視点の充足がなされなかった場合は、鉄と塩酸が合体したものと茶色の物質とをつなげて表現させる支援を行えばよいのである。子どもは教師の支援を受けて、適切にパフォーマンスを深化させていくだろう。

　①の視点でのことばのみの表現ではなく、②の視点である子どもなりのイメージが表れている表現が加わることによって、④の視点である知識の構築に向けた深い表現の充実につながるのである。さらに重要なのは、③の視点である情報の取り入れである。「実験から〜が確かめられた、だから、…だと思う」というような根拠に基づいた表現になるからである。すなわち、四つの視点は一体となることが必要である。観察、実験を通して、子どもに①、②、④の視点による知識

の構築へ向けた表現と，③の知識の構築へ向けた根拠となる事実やデータが一体
となった表現を促すことを教師は目指していかなければならないのである。

2.2 子どもの考えを構築させるためのフィードバックの質

　子どもがアクティブに理科学習を進めている時，子どもの表現には科学的な思
考が表れる。それは，観察，実験から情報を取り入れ，それを解釈して結論を導
き出そうとしているからである。子どもの表現から，教師は学習状況を捉えてい
くが，それと同時に**フィードバック**や**フィード
フォワード**を与えていかなければならない。子
どもの表現に対して，教師のもつ科学的な知識
に基づいて間違いを指摘し，その場で修正を
求めていくことは有効なフィードバックでは
ない。このことは，構成主義の立場から考えれ
ば明らかである。子どものアクティブな理科学
習を支援するためには，どのような基準に基づ
いて子どもの考えを捉え，どのような方法で
フィードバックを行えばよいのだろうか。子ど

> **フィードバック・フィード
> フォワード**
> フィードバックとは，学習目標へ子
> どもを到達させるために，学習状
> 況と評価基準を照らしあわせて，
> 現在の子ども本人の状況に関する
> 情報や必要な情報を与えることで
> ある。フィードフォワードは，子
> もの学習の進行を促すために，課
> 題の解決へ向けて見通しをもたせ
> るような情報を与えることである。

もの考えを構築させるためのフィードバックの質について考えていきたい。
　ここでいうフィードバックとは，教師が子どもにとって必要な情報を提供する
ことや，評価した結果を提供することである。教師は子どもの学習状況を把握し，
臨機応変に子どもにとって必要なフィードバックを与えていくのである。それが
適切に行われれば，学習と評価をつなぐことになる。すなわち，「指導と評価の
一体化」が図られるのである。
　ウィギンスは効果的なフィードバックに関して分析をした（Wiggins, 1998）。
その分析から，理科授業における効果的なフィードバックを考えると以下の三つ
を抽出することができる。

181

- 正解や不正解，点数を伝えられるような現在の目標達成の度合いを示されるだけではなく，目標を達成するために，これから必要になる具体的な活動が示される。
- 一度きりではなく，頻繁に行われ継続的である。
- どのような結果が求められているのかが明確であり，どのような評価規準に基づいているのかが明確である。

フィードバックは，目標達成のためにどのような活動が必要となるのかを具体的に示す必要がある。「この考えは正解だよ」や「この考えは間違っているよ」

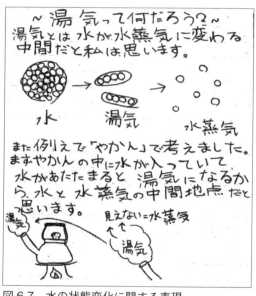

といった情報を与えるだけでは，どこがよかったから「正解である」のか，どこに問題があるから「間違っている」のかを理解するのは難しい。図6.7の水の状態変化に関する表現（渡辺ら，2015）であれば「水と湯気と水蒸気の違いを粒の集まり方の違いで考えたんだね。粒と粒のすきまが広いということと水蒸気が目にみえないことが合致しているね。合っていそうだね。」と具体的に情報が示されることで，子どもはフィード

図6.7　水の状態変化に関する表現

バックの情報を理解することができるのである。また，継続的に行うことが効果的となる。なぜなら，一度与えられたフィードバックを受けて，子どもは表現の修正を図るが，そこへ再度，フィードバックが与えられることにより，導き出した学習成果だけではなく学習のプロセスまでを，教師は把握することができるからである。さらには，どのような評価規準に基づいてフィードバックが与えられているのかが明確であれば，フィードバックの意味を子どもは理解することがで

きる。図 6.7 の表現は「湯気の状態について説明しよう」という学習目標におい
て表現されたものである。教師から「水と水蒸気との違いを考えて，湯気の状態
をしっかり説明できているね」と，フィードバックがなされれば，子どもは自分
の表現は湯気の状態を明確に説明できている状態であり，目標を達成しているこ
とを自覚することが可能となる。

　適切なフィードバックを子どもに与えるためには，評価規準が必要である。理
科授業において，どのような評価規準で子どもの学習状況を把握していけばよい
のだろうか。本章では，アセスメントとして
の評価の重要性を説明してきたが，アセスメ
ントとしての評価では，評価規準は「**クライ
テリア（criteria）**」とよばれている。本章**1**.2
で取り上げた形成的アセスメントの方略の①
では，クライテリアを教師は子どもとの対話
によって共有することが求められていたので
ある。

　クライテリアに関して，サドラーとウィリ
アムは，二つの規準が必要であると提案をし
た（Sadler, 1989; Wiliam, 1992）。具体的には，
「**目標に準拠した評価規準**」と「**子どもの考え
を構築させるための評価規準**」の二つである。

> **クライテリア**
>
> 評価規準のことである。criteria は，criterion（クライテリオン）の複数形である。評価基準は，スタンダード（standard）である。学習目標に関わるのは，評価規準であるクライテリアである。クライテリアを子どもと教師とが共有することによって「何を明らかにしなければならないのか」が明確になる。子どもが学習を進める上で，見通しに関わるものである。

　「目標に準拠した評価規準」からアセスメントとしての評価を行うことは，理
科においては，教師が科学の内容的知識によって子どもの発言や行動を判断し，
次の教授活動を構想していくことである。これは，授業前に決定したクライテリ
アであり，先決されたクライテリアである。サドラーは，この先決されたクライ
テリアだけで学習状況を捉えていくのではなく，授業の文脈に依拠した柔軟性の
あるクライテリアも必要であるとしている。

　授業の文脈に依拠したクライテリアに関して，ウィリアムも先決されたクライ
テリアのみでは，子どもの学習状況を完全には把握することができないと考えた。

そこで「子どもの考えを構築させるための評価規準」の必要性を提案している。これは，**先決されたクライテリア**を達成するために，教師が子どもの学習状況を即時的にアセスメントし，それに基づいて，徐々に考えを構築させていこうとする考え方である。すなわち，授業内において，子どもの学習状況から，**即時的なクライテリア**を構築するのである。二つのクライテリアの関係性は，図6.8のようにまとめることができる。

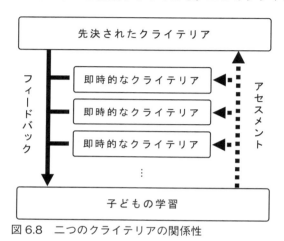

図6.8　二つのクライテリアの関係性

先決されたクライテリアに基づいて，理科授業は計画されて進められていく。まず，教師はそれに基づいて子どもへフィードバックを与えていく。同時にアセスメントとしての評価から子どもの学習状況を捉えていくが，それに基づいて即時的なクライテリアが新しく生起する。いわば，先決されたクライテリアである学習目標へ子どもを到達させるために，必要であればスモールステップの学習目標を生起させることなのである。当然のことながら，即時的なクライテリアは一つである必要はない。子どもの学習状況に応じて，その数は決まってくるものである。

このような二つの規準が理科授業において，どのように生起し，子どもの学習への支援へとつながっていくのだろうか。下記の会話は，小学校3年「物と重さ」の授業での話し合いである（渡辺ら，2015）。

> 同じ体積の物質でも重さが異なる理由について話し合っている。
>
> 子ども1：鉄は粒がぎっしり入っていると思う。
>
> 教　　師：鉄がぎっしり入っているならば，アルミは？
>
> 子ども1：粒が少ないものは軽くなる。アルミは鉄より粒が少なくてすきまがある。

子ども2：粒の数は一緒だと思うけど，粒の中に入っているものが違うと思う。部屋みたいに。鉄は相撲取りがいて，アルミはサラリーマン。プラスチックは子どもで，木は赤ちゃん！

教　師：粒で考えると，重さの違いがわかりやすいですね。

　この授業において，先決されたクライテリアは「物は体積が同じでも重さが違うことがあることを理解する」であった。この会話では子どもから自然に粒の話が出てきている。これは，子どもなりの粒子概念の萌芽であると考えられる。教師は「粒で考えると重さの違いがわかりやすい」と伝えることで，子どもに粒子概念への着目と自覚化を促している。教師は子どもの考えから，即時的なクライテリアとして「粒子の考え方を用いて重さの違いを説明する」を生起させていったのである。この後，子どもは粒子概念を用いて，同体積の鉄やアルミニウムの重さの違いをそれぞれが表現していった。粒子概念を用いていなかった子どもも，粒の大きさや量に着目しながら自分の考えを表現していくことができたのである。先決されたクライテリアの達成に向けて，即時的なクライテリアを生起させて粒子概念を取り上げること，すなわち，子どもへの教師の柔軟な支援が表現の深化と科学概念の構築へとつながったのである。

第6章　アクティブな子どもの理科学習をいかに評価するのか

３.1 アクティブな学習者による自己評価

　アクティブな学習者とは，学習目標を学習者自らが定め，その進捗状況を自己評価することができる者である。明確な見通しを基にして計画的に理科学習を進めていくプロセスにおいて，予想の表現と観察，実験の結果を照らしあわせて考察をし，学習成果を適切に表現していくためには，自分の考えと学習の進め方を継続的に振り返らせることが必要である。すなわち，アクティブな理科学習を進めるためには，自己評価が不可欠なのである。注意が必要なのは，授業の最後に子どもに振り返りをさせることだけでは自己評価をさせているとはいえないことである。構成主義的な視点から，問題解決の学習を捉えると，最終的に構築した考えだけではなく，それを構築したプロセスも大切である。子どもは未知の自然事象を目の前にした時に，これまでもっていた知識を基に葛藤しながら解釈をしていくのである。このような解釈していくプロセスにおいても，自己評価を促していかなければならないのである。

　この章では，ここまで教師が子どもの考えを評価する「外的な評価」に関して主に取り上げてきた。一方，自己評価は「内的な評価」である。評価の捉えについて考えてみると**「評価は教師が行うものである」という評価観**は根強いと思われる。これは評価活動に関して「外的な評価」の部分のみを考えたものである。ここでは，評価活動についてより柔軟に考えていくことを提案したい。それは**「評価というものは教師と子どもが協働的に行うものである」という評価観**である。アクティブな学習者である子どもは自己評価をすることで，評価活動に参加することができる。すなわち，「内的な評価」も評価活動として捉えていこうという提案である。補足するが，これは外的な評価を軽視し，内的な評価を重視するということではない。例えば，子どもが「前の時間までは，ここがわかっていなかったけど，今日の授業でわかった」や「今なら，ここまでならできそうだ」と自己評価するためには，学習問題と評価規準を教師と共に決定し，評価の視点を明確に理解していることが必要である。また，主観的ではなく妥当性のある自己評価

を子どもが行うためには，教師による評価規準に基づいた指導が不可欠である。すなわち，外的な評価と内的な評価の相互作用的な関係性が築かれることが大切なのである。相互作用的に行われることによって，子どもがアクティブに理科学習を進めていくことの支援になるのである。一方で，この関係性が築かれていない場合，すなわち，学習目標や評価規準を子どもが理解していない場合は，自己評価は「がんばった」「おもしろかった」等の授業への感想のみになってしまいかねない。

アクティブな理科学習を支える**自己評価**について考えていきたい。自己評価とは「子どもたちが自分で自分の人となりや学習の状態を評価し，それによって得た情報によって自分を確認し今後の学習や行動を調整することである」（田中，2008）。そのため，自己評価能力は，メタ認知やモニタリングともいわれている。これは，自己調整学習を進めることにつながる基礎的な能力である。この能力の育成は，知識基盤社会を生き抜く上で必要とされていることは，周知の事実である。ATC21S プロジェクトが整理した21世紀型スキルの中に「**学び方の学習，メタ認知**」が入れられていることからも，その重要性は明らかである（グリフィンら，2014）。

21世紀型スキル

ATC21S プロジェクトによって，21世紀を生き抜くために不可欠であると整理された10スキル。思考の方法として「創造性とイノベーション」「批判的思考，問題解決，意思決定」「学び方の学習，メタ認知」，働く方法として「コミュニケーション」「コラボレーション（チームワーク）」，働くためのツールとして「情報リテラシー」「ICT リテラシー」，世界の中で生きるとして，「地域とグローバル社会でよい市民であること(シチズンシップ)」「人生とキャリア発達」「個人の責任と社会的責任（異文化理解と異文化適応能力を含む）」である。

自己評価を行うことが，アクティブな理科学習を進めることに関して，どのように関わってくるのだろうか。梶田は自己評価を行うことの意義として，表6.2に示す以下の五つの視点をあげた（梶田，1992）。表には，子どもが自己評価を「内的な評価」として適切に行っていく視点が示されている。理科学習と関連させて考えていこう。

表 6.2　自己評価で重要となる視点と意義

視点	意義
① 自分自身を振り返って自分なりに吟味する機会を提供する	自分の考えを認識し，学習の仕方について学習することができる。「メタ認知」「メタ学習」を成立させるきっかけとなる。
② 相互評価と関連させる	他者からの評価を受けることによって，主観的ではなく妥当性をもって，自分の考えを振り返るきっかけとなる。
③ 評価の視点を基にして評価をする	自分の考えを分析的に吟味できる。これまで意識していなかった問題点に気づき，新たなステップへと進むことができる。
④ 自己感情を喚起，深化する	自分の成長を実感できれば，自己効力感が高まる。
⑤ 次のステップについて新たな決意，意欲をもつ	これから解決するべき課題が明確になり，次の学習に向かうことができる。

　「①自分自身を振り返って自分なりに吟味する機会を提供する」は，解決のプロセスにおいて，ノートやワークシートに問題や予想，実験方法，考察等の考えを継続的に表現させていくことである。これは，自分の考えや学習の進め方を振り返る機会を与えることになる。大切なのは，表現させることによって，自分の考えや学習の進捗状況を認識するきっかけをつくることである。認識することなしに，適切性を吟味させることはできない。認識し吟味することができれば，自分の考えの適切性を評価し，必要があれば変容させていくことができるのである。また，学習の進め方に関しても同様である。例えば，自分で考案した実験方法で予想を検証することができないことを認識した場合，適切な実験方法を考え直していくことができる。

　「②相互評価と関連させる」は，予想や考察の考えをクラス全体で共有することで，**相互評価**を促すことである。自己評価を行うためには，教師やクラスの仲

間である他者の存在が重要となる。一人だけ
では主観的な評価になってしまう。自分の考
えを公開することによって，他者から評価を
受け，客観的な視点から自分の考えを捉え直
す機会となるからである。それによって，今
まで認識していなかった問題点を自覚するこ
とができる。例えば，自分では実験結果を踏
まえて考察していたつもりであっても，用い
るデータが不足していたことやデータの解釈
を間違えていたことを認識することができる。

> **相互評価**
>
> 子ども同士による評価活動である。
> 自分の思考過程を他者に説明する
> ことで他者から評価を受け，自他
> の考えを比較することになる。ま
> た，他者の表現を評価する機会を
> 経験することによって，達成を目指
> している学習目標や評価規準につ
> いての理解が促される。自己評価
> を行う上で，重要な評価活動であ
> る。

　「③評価の視点を基にして評価をする」は，学習目標と評価規準に基づいて，
自分の考えを振り返らせることである。学習問題が達成されているのかを振り返
らせるのである。評価の視点が明確になっていれば，自分の考えの適切性の根拠
も自覚することにつながる。また，これまで意識していなかった問題点に気づき，
新たなステップへと進むことができる。

　「④自己感情を喚起，深化する」は，自分の予想の表現と考察の表現を比べて，
考えがどう変化したのかを振り返らせることである。そこで，自分の成長を実感
できれば，**自己効力感**が高まる。逆に，「何がわかるようになったのか」が明確

ではなく，成長を実感できなかった場合には，
自己効力感に影響が出ることには注意が必要
である。

　「⑤次のステップについて新たな決意，意欲
をもつ」は，学習問題と自分で導き出した結
論を照らしあわせて，振り返りを行わせるこ
とである。まだ明らかになっていないことを
認識すれば，次の時間で解決するべき課題が
成立する。成立することで次の学習への見通
しをもつことができれば，新たな決意，意欲

> **自己効力**
>
> 自分が特定の行動を遂行できるか
> どうかに関する自信のことである。
> 学習において，自分の成長を感じ
> ることができれば，次の学習を進
> める自信となる。教師に与えられた
> 目標ではなく，学習者が自分で学
> 習目標を設定し，それを達成する
> ことが，自己効力に対して効果的
> である。

第6章　アクティブな子どもの理科学習をいかに評価するのか

が喚起され，次の学習へとアクティブに向かっていくことができる。

　自己評価で重要な①から⑤の視点と意義には，学習の進行に伴う継続的な自己評価の重要性と相互評価と関連させることの重要性が示されている。この視点を教師が意識することで，最終的に構築した考えだけではなく，問題解決のプロセスにおいても継続的に自己評価を促すことができる。また，主観的ではなく妥当性のある自己評価となる。このような自己評価が行われれば，アクティブな理科学習を支える評価活動となるだろう。

■.2　学習への振り返りを軸とした授業の視点の整備

　メタ認知に関する研究では，幼稚園段階の子どもにおいても，課題が彼らの興味・関心や能力に合っていれば，メタ認知的なプロセスを応用できることが明らかになっている（OECD教育研究革新センター，2015）。すなわち，就学前の子どもであっても，計画を立てたり，自分の活動をモニタリングしたり，プロセスや結果を振り返ることができるのである。また，研究では子どもの年齢と共にメタ認知能力は成長することが明らかになっている。理科の始まる小学校3年から，継続して学習への振り返りを軸とした授業を実現し，メタ認知能力の育成を促して

表6.3　問題解決学習と自己評価

問題解決の過程	自己評価する内容
問題の設定	問題の設定は適切であるのか。自分の疑問が反映された問題となっているのか。
予想	これまでの学習や知識を使って，適切に予想を表現できているのか。
観察，実験方法の計画	予想を検証することができる方法であるのか。実験可能な方法であるのか。
考察	予想と結果を照らしあわせた表現であるのか。結果のデータを適切に反映させた表現であるのか。
結論の導出	設定した問題が解決できているのか。新たに解決しなければならない問題はあるのか。

いくことには大きな価値がある。

　アクティブな学習者とは，継続的に自己評価を行うことで学習を進めていくことのできる者である。それは，理科においては，問題解決を通して，素朴概念を科学概念へと変容させていくことにつながるものである。すなわち，メタ認知能力の育成と科学概念の構築は密接につながっているのである。

　具体的に，科学概念の構築に向けた問題解決の各過程において，子どもが自己評価する内容を考えると表6.3のように分析ができる。

　表6.3の自己評価する内容を子どもに継続的に振り返らせるために，教師はどのような視点をもち授業を実践していけばよいのだろうか。**学習への振り返りを軸とした授業**の視点について考えていきたい。

　学習への振り返りとメタ認知能力の育成を重要視した授業の視点として，クリスプは表6.4に示す視点を分析している（Crisp, 2012）。表には，この視点を理科授業で実現させるための視点も分析しあわせて示した。本章■3.1でも述べたが，

表6.4　振り返りを軸とした授業の視点

授業の視点（Crisp,G.T.）	理科授業の視点（渡辺）
①教師や仲間からの評価を通じて，自分の学習や表現を判断する	協働的な問題解決において，予想や考察の考えを共有すること，実験方法を考えることで，自分の表現や考えを振り返る。
②評価規準と見通しを明確にする	教師と子どもが協働的に学習目標を設定すると共に，解決に向けた方法に対しての見通しも明確にする。
③問題の解決のための方法と履歴を分析する	問題解決の過程で，方法は適切かどうかを継続的に振り返る。結論を出すために，これまでの問題解決の履歴を振り返る。
④教師や仲間からのフィードバックを自分の学習に取り入れる	教師からのフィードバックを受け，自分の表現や考えを振り返り，適切に修正する。仲間の考えを聴き，自分の表現や考えを振り返り，不足している箇所を修正する。
⑤意味のある課題に取り組む	日常生活での疑問や提示された自然事象に対する疑問から学習問題を設定する。
⑥メタ認知能力の育成を重視する	問題解決の過程で，継続的に振り返りを促すことによって，メタ認知能力の育成を図る。自己調整学習を支援する。

自己評価と相互評価は関連し合うことが重要である。関連するためには，仲間との協働的な学習が必要となる。この視点は，理科授業において協働的に問題解決を実現させるための視点としても捉えることができる。すなわち，協働的な問題解決において，子どもが自己評価と相互評価を関連させながら，科学概念の構築を図っていく視点である。

図 6.9　空気と水の性質

この視点の実現について小学校4年「空気と水」の授業の事例から考えてみよう[2]。図 6.9 に示すように，注射器を用いて閉じ込めた空気を圧す実験が行われた授業である（霜田他．2015b）。

次の会話は，学習問題を設定する場面の話し合いである。ふくろに閉じ込めた空気を圧すと圧し返す力があることを体験し，それを基にして学習問題を設定している。子ども1が「空気入れにも圧し返す力があった」という生活経験を，子ども2が「注射器に置き換えて考えてみたい」と話し合いはなされている。⑤の視点のように，疑問や考えたいことから学習問題の設定をすることにより，子どもにとって真正性のある課題となっているのである。また，②の視点のように，これから「何を考えるのか」という見通しも問題設定の時に共有がなされている。自分にとって意味のある課題の設定をし，その解決への見通しをもつことは，アクティブに理科学習を進めるスタートであるといえる。このような課題設定が行われることによって，子どもは「自分の疑問が反映された問題となっているのか」を考えながら，教師や仲間と話し合っていくのである。

ふくろに空気を入れて圧す体験後に，学習問題について話しはじめた。

子ども1：空気入れも圧し返してくる力がある。
子ども2：先生，注射器ある？

教　　師：あるけど，それがあったら，何か確かめられる？
子ども２：空気入れを注射器として考える。空気は圧し返す力があるから。
子ども３：注射器の中に空気を入れて，空気を圧すとどうなるか考える。
子ども４：閉じ込めた空気を圧すとどうなるのか。
教　　師：それを考えていきましょうか。空気は圧されるとどうなるのかですね。

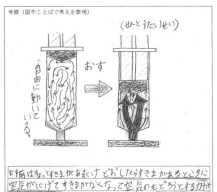

図 6.10　空気と水の性質に関する表現

次の会話は，それぞれの考察を発表している場面である。空気を圧し縮めても離すと元の位置まで戻ること，圧せば圧すほど元に戻ろうとする力が強くなることを実感した実験から，圧し縮められる前後の空気について表現している。子ども５は「空気の粒と粒の間のスペース（すきま）」に着目して表現しており，子ども６は図 6.10 に示すように「空気の戻ろうとする力」に着目して表現している。表現の仕方は異なるが，それぞれが圧せば圧すほど元に戻ろうとする力が強くなるという実験結果を反映させた表現である。これは，①の視点のように，表現の仕方の異なるものが発表され，クラス全

子ども５：圧す前はちょうどよい感じに空気が入っていて，圧せば圧すほどスペースがなくなって，戻ろうとするからパワーアップして力が強くなる。
子ども６：圧す前はすきまがあったけど，圧すとすきまに空気が逃げて，空気の体積が小さくなる。空気の戻ろうとする力が強くなって，手を離すと体積が元に戻る。戻る強さを矢印で書きました。
教　　師：戻る力を矢印で表現してくれましたね。
子ども７：表し方は違うけど，最終的にみんなが伝えたいことは一緒じゃない？
教　　師：判定してくれましたけど，どうですか？
子ども８：矢印とか粒とか表し方は違うけど，最初は空気が自由に動いていて，圧されると体積が小さくなって，圧せば圧すほど元に戻りたくて，戻る力がある。

子ども9：ということで。結論でよいと思う。
教　　師：それが学習問題に対する結論になっていますか？問題解決しました？
全　　体：解決した。
教　　師：この間，水の話も出てたよね。
子ども10：水鉄砲の話だ。水も調べないと。

体で共有されている様子である。それぞれの考えや表現が共有されることによって，他者の考えとの比較を通して，自分の考えを自覚していけるのである。共有していく過程において，結果のデータを適切に反映させた表現であるのかという視点で，協働的な評価がなされていく。

　このような協働的な評価がなされることによって，結論であるクラスの考えの構築へと進んでいくことができる。その始まりが，子ども7の「表現は違うけど伝えたいことは一緒ではないのか」，子ども8の「矢印とか粒とかの表し方は違うけど」という発言として表れている。この発言は，自分の考えやクラスの仲間の考えを振り返ることなしにはできないものである。このような振り返りによって，④の視点の仲間の考えを聴き，自分の考えの不足している部分の分析と修正は行われていく。

　また，教師は結論を出す際に「学習問題に対する結論になっているのか」を発問している。これは，③の視点である結論を出すために，問題解決の履歴である実験結果や考察の表現を振り返らせている様子である。また，②の視点の明確になった評価規準と見通しである「何を明らかにしなければならないのか」への振り返りともなっているのである。まさに，子どもは「設定した問題が解決できているのか」を自己評価しながら結論を出しているのである。アクティブに理科学習が進められた結果，子ども10の「水も調べないと」という発言のように，次の学習問題も生起していくことが可能になっている。

　事例のように，①から⑤の視点が実現されることによって，問題解決の過程で継続的な振り返りがなされ，⑥の視点のメタ認知能力の育成につながっていくのである。

　小学校３年から，事例で示したような振り返りを軸とした理科授業が継続して実現されることで，アクティブに理科学習を進める力が子どもに身につくであろう。継続的な自己評価活動により，子どもは素朴概念を科学概念へと変容させていくことができるのである。理科において，振り返りを軸とした授業を行う意義は大きいと考えられる。

【引用文献】

ブルーム , B.S., ヘスティングス , J.T., マドゥス , G.F.（1973）『教育評価ハンドブック ― 教科学習の形成的評価と総括的評価 ―』（梶田叡一・渋谷憲一・藤田恵璽訳），第一法規出版，89-190.

Crisp, G.T.（2012）Integrative assessment: reframing assessment practice for current and future learning, *Assessment & Evaluation in Higher Education*, Vol.37, No.1, 33-43.

グリフィン ,P., マクゴー ,B., ケア ,E. 編（2014）『21 世紀型スキル　学びと評価の新しいかたち』（三宅なほみ監訳），北大路書房 , 21-23.

梶田叡一（1992）『教育評価』，有斐閣，183-192.

森本信也（2013）『考える力が身につく対話的な理科授業』，東洋館出版社，37.

OECD 教育研究革新センター 編 (2008)『形成的アセスメントと学力 ― 人格形成のための対話型学習を目指して』（有本昌弘監訳），明石書店，18, 274.

OECD 教育研究革新センター編 (2015)『メタ認知の教育学　生きる力を育む創造的数学力』（篠原真子・篠原康正・裳岩晶訳），明石書店 , 57-59.

Perkins, D.N., Crismond, D., Simmons, R. & Unger, C.（1995）Inside Understanding, In Perkins, D.N., Schwartz, J.L., West M.M. & Wiske, M.S.(Eds.) *Software goes to School: Teaching for understanding with new technologies*, Oxford University Press, 70-88.

Sader, R.（1989）Formative assessment and the design of instructional systems, *Instructional Science*, Vol.18, 119-144.

霜田光一他（2015a）『みんなで学ぶ小学校理科５年』，学校図書，37.

霜田光一他（2015b）『みんなで学ぶ小学校理科４年』，学校図書，31,104,115.

霜田光一他（2015c）『中学校科学２』，学校図書，33,90.

田中耕治（2008）『教育評価』，岩波書店，125.

渡辺理文・黒田篤志・森本信也（2015）「形成的アセスメントにおけるフィードバック機能に関する研究 ― 理科授業を事例として ―」, 横浜国立大学教育学会研究論集 , No.2, 17-27.

渡辺理文・長沼武志・高垣マユミ・森本信也（2015）「形成的アセスメントに基づく理科授業を構想するためのモデルとその検証」, 日本教科教育学会誌，Vol.37, No.4, 11-23.

Wiggins, G（1998）*Educative Assessment: Designing Assessment to Inform and Improve Student*

 Performance, Jossey-Bass, 48-49.

Wiliam, D.（1992）Some technical issues in assessment: a user's guide，*British Journal of Curriculum and Assessment*，Vol.2，No.3, 11-20.

Wiliam, D. & Thompson, M.（2007）Integrating assessment with instruction: what will it take it work? In Dwyer, C.A.(Ed.) *The future of assessment: shaping teaching and learning*, LAWRANCE ERLBAUM ASSOCATES, 53-82.

（註）
(1) 横浜市立瀬谷さくら小学校教諭小湊清隆氏の実践 .
(2) 川崎市立東柿生小学校教諭野原博人氏の実践 .

【**読みたい本，参考になる本**】
安彦忠彦（1987）『自己評価 —「自己評価論」を超えて —』, 図書文化社 .
クラーク , S.（安藤輝次訳）（2016）『アクティブラーニングのための学習評価法 — 形成的アセスメントの実践的方法 —』，関西大学出版部.
西岡加名恵・石井英真・田中耕治（編）（2015）『新しい教育評価入門 — 人を育てる評価のために』，有斐閣.

おわりに

　新学習指導要領では，すべての教科においてべき育成すべき学力を「資質・能力」と規定し，三つの要素を措定した。「知識・技能」「思考力・判断力・表現力等」「学習に向かう力・人間性等」である。周知のように，これらは学校教育法で規定されてきた学力要素を反映させたものである。三つの要素の中で，中心となるものは「思考力・判断力・表現力等」である。

　「思考力・判断力・表現力等」は，理科教育にそくしていえば，予想や仮説の設定にはじまり，結論へ至る問題解決の諸過程を子どもに理解させることを指す。小・中・高等学校において，学習内容は深化するものの各学校種において，これら諸過程を繰り返し，学年ごとに重点化して理解させることが，新学習指導要領では目標とされている。こうした目標を達成するためには，本書で指摘してきたように，子どもが自律的に理科学習を進められる学習環境のデザインこそ構想されなければならない。問題解決の諸過程について子どもの学習状況をアセスメントすること，アセスメント情報に基づいて次の指導方策を検討すること，これらを一人の学習ではなく協働的な学習として成立させること等が，デザインとしての必須事項である。

　さらにいえば，それは，一教科の指導方策としてのみ検討されるべきではない。上述したように，すべての教科に共通して三つの資質・能力の育成が志向される現在，すべての教科間での指導の連携を図ることでこの目標は，子どもにとってより深いレベルでの「思考力・判断力・表現力等」に関わる学習として実現されうる。新学習指導要領ではこうした視点に立ち，資質・能力の育成を図ることも主要な目標の一つとして掲げられている。カリキュラム・マネジメントという考え方である。従前においては，学校単位，あるいは教科全体での運用という，マクロな視点からこうした考え方は論じられてきた。各教科で資質・能力の育成という目標が共通項として措定されるとき，それは，ミクロな授業レベルでも育成の方途について検討が必要である。

もちろん，各教科で措定される資質・能力は異なる。しかしながら，「思考力・判断力・表現力等」という，いわば子どもに論証を求める活動の充実においては，むしろ共通項を検討しながら，授業を進めることこそ彼らにはメリットがある。各教科で活動をはじめる前に問題や課題を明確化する，グラフや表に収集したデータをまとめ議論を焦点化して考え方をまとめる，考え方をまとめる際に収集したデータを基にして表現する等，いくつかの教科を横断して共通項を分析しながら授業を進めることは可能である。こうした活動を日常化することが，子どもに「思考力・判断力・表現力等」を身につけることの必要性や重要性を実感させることができるのである。

　このことは，子どもに学習における自律性，あるいは自己調整する態度を育成することと同質である。常に，自分の問題にしたがって情報を収集し，これに基づいて適切に判断を下し，考え方を作り上げることを上述の学習は，求めているからである。資質・能力の柱の一つ「学習に向かう力・人間性」の内容は，こうした態度の育成こそ重視している。こうして，教科間の連携のもとで三つの資質・能力は，子どもにとってより有用性を増して育成されていく。

　本書は，理科という一つの教科でのアクティブな学習を促す授業デザインの視点を提示してきた。しかし，カリキュラム・マネジメントの観点から，さらに深い学習を子どもに誘発することを模索するとき，本書で検討してきた指導上の方策は，教科の壁を越えて有用性を発揮すると思われる。著者全員の思いもそこにある。多くの実践者とこの思いを共有し，新しい授業をデザインしたいと考えている。

2017 年 3 月

著者代表　森本信也

著者紹介（執筆順）

森本信也（もりもと　しんや）………………………………………（はじめに，第 1 章，おわりに）
　　現在　横浜国立大学名誉教授　博士（教育学）
　　研究　対話的な理科授業を通した，子どもの科学概念構築過程の分析

黒田篤志（くろだ　あつし）………………………………………………………………（第 2 章）
　　現在　関東学院大学教授　博士（教育学）
　　研究　対話的な理科授業を通した，教師の教授行動の談話分析

和田一郎（わだ　いちろう）………………………………………………………………（第 3 章）
　　現在　横浜国立大学教授　博士（教育学）
　　研究　子どもの思考・表現を促す理科授業デザイン

小野瀬倫也（おのせ　りんや）………………………………………………………………（第 4 章）
　　現在　国士舘大学教授　博士（教育学）
　　研究　理科授業における教授・学習過程の実践的研究

佐藤寛之（さとう　ひろゆき）………………………………………………………………（第 5 章）
　　現在　山梨大学准教授　博士（教育学）
　　研究　科学概念構築過程での子どもの学びの把握と比喩的表現の役割の分析

渡辺理文（わたなべ　まさふみ）……………………………………………………………（第 6 章）
　　現在　北海道教育大学講師　博士（教育学）
　　研究　評価活動に基づいた，子どもの科学概念構築を促す理科授業の分析

アクティブに学ぶ子どもを育む理科授業　　レベルアップ授業力

平成 29 年 4 月 5 日　初版第 1 刷発行

著　者　森本信也　黒田篤志　和田一郎　小野瀬倫也　佐藤寛之　渡辺理文
発行者　中嶋　則雄
発行所　学校図書株式会社
　　　　〒 114-0001　東京都北区東十条 3 - 10 - 36
　　　　電話　03 - 5843 - 9432
　　　　FAX　03 - 5843 - 9438
　　　　URL　http://www.gakuto.co.jp

© Sinya Morimoto ISBN978-4-7625-0224-8　C3037